从0到1学做直播带货

赵亮亮　唐江山◎著

中国纺织出版社有限公司

内 容 提 要

本书全面解密直播带货运营之道，从自媒体的现状谈起，聚焦直播带货的全链路解析，结合丰富的图片和实操性强的案例，化繁为简，完美地回答了"如何做好直播带货"这个问题。本书分为基础篇、进阶篇和高级篇三部分，共十五章，主要阐述了直播电商的现状与未来、直播前准备工作、直播团队配置、直播带货运营禁忌与雷区规避、爆款视频文案写作、如何增加直播间人气、选品策略、直播话术设计、如何提高转化率等内容。可帮助读者快速掌握直播带货的运营策略与操作技巧，让读者看得懂，学得会，做得好，开启直播带货持续升级模式。

图书在版编目（CIP）数据

从 0 到 1 学做直播带货 / 赵亮亮，唐江山著 . -- 北京：中国纺织出版社有限公司，2021.1

ISBN 978-7-5180-7905-6

Ⅰ.①从… Ⅱ.①赵… ②唐… Ⅲ.①网络营销 Ⅳ.①F713.365.2

中国版本图书馆CIP数据核字（2020）第179980号

策划编辑：史　岩　　　　责任编辑：段子君
责任校对：高　涵　　　　责任印制：储志伟

中国纺织出版社有限公司出版发行
地址：北京市朝阳区百子湾东里 A407 号楼　邮政编码：100124
销售电话：010—67004422　传真：010—87155801
http://www.c-textilep.com
中国纺织出版社天猫旗舰店
官方微博 http://weibo.com/2119887771
三河市宏盛印务有限公司印刷　各地新华书店经销
2021 年 1 月第 1 版第 1 次印刷
开本：710×1000　1/16　印张：17
字数：203 千字　定价：55.00 元

序 言

　　随着5G时代的到来，直播带货成为了一种新的商业模式，改变了人们的购物习惯，同时也迫使商家开始布局短视频直播。可以说，现在是一个全民直播的时代，上到名人、高官，下到平民百姓，无不在谈论直播带货。有人通过直播带货赚取了不菲的收入，也有人通过带货直播买到了很多高性价比的产品。直播带货是一种新的营销模式，而直播购物又是一种新的购物体验，让消费者在娱乐消遣的同时，可以买到心仪的产品。

　　前段时间，100多位县长、市长走进直播间为当地产品"代言"，央视公益直播为湖北带货超亿元，携程联合创始人梁建章直播6场带货1亿元。劳动节第一天，央视著名主持人康辉、朱广权、撒贝宁、尼格买提四人同框，一场国嘴级超强"talk秀"，再加上顶级平台，顶级货源，效果直接炸翻全网。直播结束，观看人数2000多万，卖货5个多亿。据商务部大数据监测显示，今年一季度电商直播超过400万场。

　　直播带货达人李佳琦、辛巴、薇娅，往往一场直播，带货销售额就过亿，利润甚至比一些企业一年的收入还要高。很多大公司创始人也都开始进行直播，像新东方创始人俞敏洪，红杉资本合伙人沈南鹏，当当网创始人李国庆等。直播带货会是未来10年一个巨大的风口，不管你是企业的老板，还是刚起步的创业者，甚至是普通的上班族，都有机会从中分一杯羹。

　　直播带货正处于一个巨大的红利期，企业或者普通创业者究竟怎么样才能做好直播带货，抓住这波红利机会呢？笔者拜访了大量的头部带货主播以及 MCN 机构负责人，向他们请教直播带货的成功经验，最终写成了《从0到1学做直播带货》这本书。本书从直播前准备工作，直播团队配置，直播带货运营禁忌，如何增加直播间人气，直播带货精准选品，直播带货话术设计，直播带货数据运营等多个维度来剖析如何做好直播带货。

笔者写这本书的初衷是，即便你什么都不懂，当你看完这本书，也可以很轻松地开启一场带货直播，不再为直播间没有人气而苦恼，也不用再为没有合适的产品提供给粉丝而发愁，更不用为直播带货转化率低而郁闷。书里面会教你一套从0开始打造万人直播间的科学系统的方法，只要你认真学习并把书里的策略落实好，就可以在直播带货这个赛道实现弯道超车。在这里，先预祝你成为直播带货达人，现在就开始你的学习之旅吧。

赵亮亮

2020 年 8 月

目　录

进 阶 篇

第九章

如何设计高转化直播话术 / 167

第十章

如何提升直播带货转化率 / 183

高级篇

第十一章

如何策划一场成功的带货直播 / 193

PART ONE

基础篇

第一章

直播电商的现状与未来

第一节　直播电商的现状

其实早在2015年，直播在我国就已经兴起了，而且发展的速度非常迅速。那个时候，就已经为直播电商的发展奠定了一定的基础，2016年，电商行业内直播开始启动，我国电商直播正式开始了。

而2019年大家都知道，被称为直播电商元年。为什么呢？因为直播电商已经成为电商发展的主流了。而抖音日活已经突破了4亿。面对如此巨大的流量池，越来越多的短视频达人看准了机会。

随着5G商用的快速发展，2020年，电商行业一定会迎来新的发展，进入红利阶段。根据艾媒咨询的数据显示，2019年中国在线直播用户的规模已经突破了4亿。而2020年，预计将会达到5.24亿。这意味着什么？意味着直播行业庞大的用户体量已经可以使直播电商变现提上日程。

第二节　直播带货现状——持续火爆

4月1日，罗永浩在抖音开启直播带货首秀，3小时卖出1.1亿元。老罗的加入，让原本就火热的电商直播更加热闹。

4月2日，携程董事局主席梁建章以直播的方式4折预售湖州高星酒店，一小时内，创造了2691万成交总额。

4月6日，朱广权+李佳琦组成的"小朱配琦"组合，直播当天累计观看次数1.22亿，直播间点赞数1.6亿，累计卖出总价值4014万元的湖北商品。

4月10日，罗永浩也推出"湖北专场"直播，只用11秒就卖光了60万斤的湖北橙子，该场直播支付交易总额"超4000万元"，总销售件数"超43万"，累计观看人数超1150万，收到近330万元打赏。

4月12日晚，央视主播欧阳夏丹携手明星王祖蓝、郑爽、蔡明、十堰市副市长王晓，以及66位快手达人直播，带来热干面、小花菇等12种湖北特产。这场公益直播在快手平台的累计观看人次达到1.27亿，累计点赞1.41亿，连同快手达人发起的"谢谢你为湖北拼单"直播，当晚一共卖出6100万元的湖北农副产品。

4月13日晚，《人民日报》携手"淘宝一姐"薇娅推出"湖北冲鸭"公益直播。所有鸭脖鸭掌等均一上架就秒光，听说把武汉未来10天的鸭子都抢光了！

……

在疫情黑天鹅下，许多线下业务进入停摆，而直播带货行业却如日中天，越来越多商家将业务搬到线上。直播间里出现的不仅仅是网红主播，除了携程之外，银泰百货、洋码头、海底捞、小龙坎等企业的老板们纷纷加入到直播带货的大军中。

各大互联网公司更是不肯放弃这一波红利，紧锣密鼓地加速布局直播电商业务。近半个月以来，消息接二连三：微博宣布正式推出"微博小店"，斗鱼上线"斗鱼购物"，百度也被曝出即将上线电商直播。此前，除了淘宝、快手、抖音"三国杀"之外，陌陌、知乎、小红书、网易考拉、京东、拼多多、蘑菇街、洋码头等也已经入局直播带货。

在这个大半个互联网都在直播带货的时代，老牌电商玩家淘宝，已经用数据验证了直播带货的效果，在"流量获取"和"转化率"两方面成效卓著。

第三节　直播电商为何会火

一、击中传统电商痛点

（一）信息量越少，买家就越少

传统电商在商品上提供的信息有限，仅仅通过图文的方式来展示商品信息，有些商品甚至是只有图片或只有文字，这就让买家心中有疑惑：不好好运营的商品，还能买吗？

有些图片经过修图处理后，往往比实物更美观，这就造成了卖家秀和买家秀之间会存在一定的偏差。而以直播的形式，可以让买家看到真实的卖家秀是怎么样的，买家可以得到更多关于产品的信息，可以更快速地做出购买决策。

（二）一切不重视用户体验的产品，都难以树立其品牌效应

传统电商展示的维度较单一，买家需要更加全面地了解商品才能做出消费决策。

而直播带货通过多维度、立体化的呈现方式，通过主播对产品的体验、答疑，通过相关平台对商品的审核、背书，形成一个相对系统化的推荐，解决了买家购前的体验问题。

主播可以帮用户多维度了解产品和服务，实时解答用户心中的困惑。直播时主播们不能胡乱解答问题、胡乱报价，因为很多懂行的用户都在盯着，稍有不慎，直播间立马就变成大型"翻车现场"。

很多时候，卖产品，同时也是在卖服务，产品购前的服务做得不好，卖家会直接放弃继续购买这个产品的念头。

（三）信任感是品牌的竞争力

传统电商要获得好的口碑，要获得买家的信任，最重要的是靠品牌的背书，具备信服力的品牌能带来巨大的价值。

直播带货，在头部主播的个人IP和产品品牌这双螺旋效应的加持下，更是给产品带来了巨大的信任感。这份信任感，提高了买家在购买时的消费决策速度，最终形成的效果是：凡是某某某推荐的，尽管买买买就是了。

而且，无论客户是否决定要购买，在一场直播下来，就相当于为某一产品做了一次广告，相应地，也提升了品牌的知名度。比如在老罗直播前，可能很多人都不知道小龙虾有信良记这个品牌。品牌在消费者心中信任度和知名度的建立，是在当下存量市场的年代中极为宝贵的资源，因为这是一个品牌可持续可见的竞争力。

（四）直播带货具有其天然的社交属性

传统电商缺乏社交行为，虽说足不出户也能买到千里之外的商品，但仿佛总缺点什么？直播是实时互动的，不仅可以向主播提问，而且可以进行弹幕交流，同一时间很多用户分享经验、刷弹幕、下单购买，一起购物，一起找碴。

商品好不好用，适不适用，价格是否公道，立马在弹幕区就能看到，对没想买或没有想好买不买的用户会产生一定的影响。

二、短暂的供需失衡

据国商证券发布的报告估算，2018年整体直播电商产业带货规模约2000亿元，2020年直播电商规模还将高速增长。

直播带货，在今天看来是一个充满红利的"行业"，会出现红利，是因为出现了短暂的供需失衡。

对于电商平台来说，买家越多，卖家就越愿意来卖东西；卖家越多，买家就越愿意来买东西。这就是传统电商的增强回路。而如今，当电商加上了直播的元素，这个增强回路就会被打破。

由于进入平台的用户越来越多，卖家就愿意来卖东西来做广告，这时就诞生了专业/非专业的卖货主播。

卖家越多，平台的用户也就越多，同时主播也会随之增多，这也给商家带来了越来越多的买家。

随着粉丝逐渐增多，买家也越来越多，随着买家增多，也有越来越多的卖家集聚到平台上。这就是现在直播带货行业的增强回路。

现在有大量的用户被吸引到了抖音、快手等平台上，这是一个巨大的流量池。

但是，和平台庞大的日活用户相比，卖家的数量其实很少。这样就会出现有人往平台上直播带货就赚不少钱的情况。这就是现在直播带货行业出现的红利期。

三、三浪叠加的时代浪潮

中国消费产业正在面临一个前所未有的机会，由三大浪潮构成：

第一层浪潮，极其强大的供应链体系；

第二层浪潮，层次丰富的消费市场；

第三层浪潮，高速发展的移动互联网。

这三个浪潮"同时"叠加在一起，释放的能量会是超乎想象的。

消费市场广阔和移动互联网高速发展这两层浪潮想必大多数人都懂，这里浅议一下供应链体系的重要性。

这是一个相对较简单的一个商品，从品牌商到买家的供应链条：

直播带货进一步精简了销售渠道环节，主播/KOL们作为直接的销售渠道，降低了渠道的成本，品牌商可以通过主播触达更多的买家。

许多中间环节和渠道的成本进一步减少，产业链成本进一步降低，从而使得商品售价降低；商品售价降低，买家自然也就愿意下单买买买；买家越来越多的同时，也就意味着商品销量越来越高，这就要求品牌商和主播带货团队同时具备强大的供应链体系和敏捷的反应速度。

品牌商通过主播直达买家，能够快速了解买家对产品的反馈，并迅速将反馈返回研发和设计团队，进行产品的二次研发和进一步的优化，大大提高了产业链的效率。

因此拥有强大的供应链系统，是当今时代的一个重要的"浪潮"。

成熟的供应链+广大的消费市场+高速发展的互联网这三个浪潮叠加在一起，就形成了一个高效的自我供需闭环，这就是当前中国消费的基本盘。

也正是在这基本盘之下，直播带货也顺势蓬勃发展。

四、疫情加速了直播带货的发展

2020年伊始，在新冠肺炎疫情的影响下，世界经济格局逐渐发生重大变化。线下业务转型到线上的趋势逐渐加快，被迫放缓的线下市场逐渐发现通过直播的方式，可以带来巨大的流量增量。

据《中国日报》4月17日消息，国家统计局新闻发言人毛盛勇表示，推动经济平稳运行，在稳定外贸外资基本盘的同时，一定要扩大内需。

中国的消费潜力比较大，现阶段由于疫情外出消费减少，后期会不断释放，得到一定程度回补。直播带货等互联网相关的新兴消费形式会成长得更快，表现更加强劲。

据《2020年中国互联网发展趋势报告》来看，由于2020年新冠疫情以及春节因素叠加的效应，视频日活用户规模创历史新高，峰值日活跃用户数量超5.5亿。

在大部分人都宅在家的期间，外出买买买的次数减少，线上娱乐的次数增多，线上娱乐化的产品也逐渐增多，在多重因素的叠加下，使得直播带货行业也得到了迅速发展。

同时各大互联网巨头也竞相入场，抢夺这一波红利，更深层次的原因还是看中了直播带货带来的强大的转化率和流量红利。

直播带货，能在今天这个时代获得迅速的增长，是因为它解决了传统电商模式的许多痛点和不足，这背后是一波涌动的、因商业逻辑巨变而释放出来的红利。

第四节　直播电商的未来

2016年直播进入许多细分行业，淘宝直播上线，开启电商＋直播的新模式，为电商平台注入新能量。

2019年直播电商爆发，进入电商直播元年。据《2020年淘宝直播新经济报告》显示，淘宝直播带货能力在2019年全面爆发，连续三年直播引导成交增速150%以上。现在在直播领域，这个趋势非常的明显。

直播带货如日中天，市场竞争日趋激烈，蓝海早已成巨大的红利，那是不是会一直这么火下去呢？未来是不是会一直增长呢？

这，不一定。

一、网络效应即将造就"赢家通吃"局面

在直播带货的红利期时，无数的卖家、互联网巨头涌进来，想要分得这一份红利，由于互联网总的资源量是有限的，随着网络效应的推进，很快，直播带货行业即将触达其临界点，可以预见，还有大约半年的时间，大部分主播就开始不赚钱了。

获得最多资源的主播拥有的正向增强回路，会逐渐激活其他竞争者的负向增强回路，最终导致直播带货行业出现"赢家通吃"的局面，这时，红利期也就即将变成一片红海。

今天主播们看起来赚的钱似乎都一样，但其实差别很大。一些腰部、底部主播今天赚的是这波浪潮的红利，赚的这波红利，不是靠实力赚来的，只是正好赶上了时代潮流发展的趋势。

头部直播主未来也会受一定影响，但是他们赚的"利润"是相对长期的，因为这些头部主播有他们自己的"护城河"。

因此我预测，在今年，直播带货行业将进入最后的"决战圈"，到最后，必然是有大部分没有"护城河"的主播会被淘汰掉，没有跟上时代浪潮的品牌，也许很快也会被其他品牌后来居上。

二、红利减少倒逼平台规范化管理

直播带货的最终落脚点是"人"，是买家。为了吸引足够多的买家，将流量用户转化成买家，平台就必须培养自己的头部网红，通过足够多的网红来推动流量聚集的网络效应。

根据前面的分析，在新的商业模式上线后，必然会存在一段时间的红利期，随着大量商家的涌入，红利期会变成红海，竞争会逐渐进入到白热化阶段，这时必然也会衍生出许多问题。

比如早期的淘宝"假货横行"，早期的拼多多"尾货与假货横行"……如今的抖音等平台亦是如此，假货泛滥也是如今众多平台的顽疾之一。

没有电商基因的直播平台，在产品监控和用户体验上依然有很多的提升空间。可以预见，随着红利期的减少，一定会倒逼平台进行规范化管理。

有电商基因的直播平台（电商＋直播）在品控能力方面有天然的优势，

比如淘宝、京东一类，必然是比缺少电商基因的直播平台（直播+电商）要有一定的优势，比如抖音、快手一类，但是也面临着直播内容同质化的问题。

以淘宝直播为例，虽然致力于打造以内容生产为主的平台，但是直播内容依旧是以用户原创内容为主。

放眼看去，除了主播不同，直播的内容和形式并没有太大差异。

随着越来越多的卖家进入直播领域瓜分流量，未来直播间吸引买家"留步"，将会变得越来越困难，如何在直播带货行业展开差异化竞争，是决定是否能够在红海到来时，依然能继续赚取"利润"的关键。

三、企业应抓住直播带货时代的机遇

与头部网红合作进行直播带货，对品牌来说已经是一种较成熟的商业模式，直播带货也是企业营销数字化的一种典型模式。

近期有个新现象，就是首席执行官们亲自下场进行直播卖货。

林清轩董事长孙来春、七匹狼首席执行官李淑君、上海苏宁易购总经理徐海澜等企业掌门人，纷纷直接下场卖货。

对中小企业商家而言，直播带货有着天然的私域流量构建优势，这是吸引年轻消费客户群和开拓新营销模式的重要抓手。

每个首席执行官都有其独特的人设，做直播带货意味着对品牌进行强背书。

对企业而言，直播带货不能仅仅只以卖货为目的，更重要的是信任感的传递，应重"直播"轻"带货"，口碑的打造远比带货更重要。

企业主也可以尝试将直播带货打造成产品的"第二场发布会"。

在未来，可以预见，会有越来越多的品牌会"上CEO"，让首席执行官亲自下场直播带货。

这对于打造个人IP❶以及品牌的私域流量，有着至关重要的意义。

直播带货，从网红直播，到明星直播，从各地方县长直播推货，再到CEO下场直播带货，直播电商正逐渐成为刚需，直播带货会成为推动中国电商甚至说中国新经济继续增长的一个新火车头。

第五节　腰部以下主播的未来

现在，是不是除了几个耳熟能详的头部主播外，其他人做直播带货，就一定没戏呢？

并不是这样的，头部主播能做到家喻户晓，其中一个原因是：媒体只报道头部的力量。

以抖音在2019年9月11日至10月10号的达人销量榜为例，粉丝量在10~100w粉丝的账号占比最多，其次是100~300w的账号。

这也就说明，粉丝量并不完全决定视频的爆款能力，腰部及底部的视频主还是有很大的发展潜力。通过持续深耕视频内容，深耕直播质量，持续深挖自己的护城河，持续推动自己的"飞轮"，还是有机会"狙击"前方的头部主播。

此时直播带货持续红火，也并不意味着它是一个猪都能飞的风口。

但对我们来说，值得关注的并不是这一行业的崛起速度，而是这一行业带来的变化。

社交电商行业，发展了5年，也迭代了5年，每一年都会有新的机会和新的玩法诞生，直播卖货虽然符合商业发展的趋势，但并不意味着它就是最终的形式，可能只是一个过渡期的现象。

---

❶ 注：IP指可变现的知识产权。

　　如果仅仅贪图这个直播带货的发展速度，那大概率会付出代价。但如果能抓住这个行业带来的新机会，则很有可能有所收获。现在躬身入局，依然还有机会。

第二章

直播前准备

一场成功的带货直播，是需要精心策划和准备的，从人设定位，直播预告视频拍摄，到选品，再到直播间互动，销售话术设计，最后数据统计和分析，每一个细节都需要精心打磨和优化，在当前流量越来越贵的情况下，提升直播间粉丝留存率尤为重要。本章将从直播前需要做好哪些准备工作，来一一剖析，这样在直播的时候，可以取得事半功倍的效果。

我们要明确的是，一个带货直播的核心逻辑，说白了就是人、货、场，开直播时，直播间有充足的人气，有高性价比的产品套餐，有氛围好、转化率高的直播间卖场，这三个要素都具备了，那么就是一场成功的带货直播。

第一节　直播前准备之人

说到人，顾名思义，直播间里的人肯定是首当其冲的，主播要有人设，能说，要懂货。那主播需要具备什么样的条件，打造什么人设呢？

第一个，有人设怎么理解？举个例子，提到大狼狗郑建鹏、言真夫妇，大家都知道是广东夫妇对吧。提到李佳琦，大家马上就会想到口红一哥。说起祝晓晗，马上就会联想到国民闺女。像这种就是有人设的，主要是有说服力，通过她的一些身份背景产生说服力。再加上主播本身的一个亲和力和引导力，以及给人那种接地气的感觉，从而让人产生信服感。

第二个是能说，面对镜头不恐惧，能把想说的话流畅地表达出来，能让粉丝产生认同感和归属感，营造出良好的直播间氛围，拉近和粉丝的距离，成为粉丝的朋友或者意见领袖。最终的目的是做到，让粉丝在直播间娱乐消遣的同时，就把产品卖出去了。

第三个就是懂货。作为一个带货主播，一定要充分地了解产品，知道产品的优劣，适合什么样的人，以及一些匹配需求。把对的产品卖给对的人，这是作为一名带货主播需要具备的能力。还有一个就是要学会把握节奏，作为一名带货主播，你不能被观众带着节奏跑，要具备控场能力。你就是直播间的老大，所有的相关人员都是在为你服务，你要让粉丝都听你的，直播间节奏必须把控在主播手里。

其实一个达人最开始的人设，往往是和他短视频内容是相关的。达人在直播的时候，也需要塑造一个自己的标签和人设。这个人设，最好是和短视频里面的标签是相关的。怎么理解呢，比如你短视频里面的人设是一个女汉子的形象，但是直播间里你却表现的很温柔，很嗲声嗲气，这个时候粉丝是受不了的。会认为你是一个很会装的人，信任感一下子就下降了。而且你自己如果现实中就是女汉子的风格，在直播的时候，却想要装作很温柔，也会有一天绷不住。所以，在直播间里面要保持一个真实的自己，不需要太做作。

人们最容易相信两种人，一种是专家，一种是朋友，在你设定人设的时候，要么设定一个专家人设，要么设定一个朋友人设。比如你有多年的美容护肤经验，是皮肤科医生，那么就很容易设立一个专家人设。当你成为粉丝心中的专家时，你推荐什么，他们很大概率会进行购买。就像医生让你吃什么药，你肯定会去吃，因为你百分之百信任医生。另外一种，就是塑造朋友人设，比如可爱的邻家小妹，善良的中年大叔，温柔的小哥哥，等等。

作为一名带货主播，一定要有自己的人设，这个非常的重要。第一，当你有了一个人设，可以很容易地被大家记住，如网红一哥李佳琦，国民闺女祝晓晗，黑脸V，等等。第二，容易被粉丝和媒体所传播，当你有了一定的知名度之后，人设很容易被粉丝和媒体传播和报道，形成二次或者多次传播。

接下来，我们看两个案例，第一个是小小莎老师，她的人设就是旅游博主品牌创始人，以及创业女性的一个形象。她的个人简介里面，就详细写到自己曾经做过什么，做了什么，达到了什么样的成果。小小莎老师，本身就长得很有气质，又是猫眼MCN（网红经济运作模式）文旅负责人、中山大学硕士，等等。她有630万粉丝，看她的粉丝画像，大多数是一二线城市的白领，使用的手机多是苹果和华为。所以根据小小莎老师的经历和人设定位以及她的粉丝群体，她能够带一些中高端消费的一些品牌，像各种名牌的包包啊，品牌的鞋子啊，名牌的护肤品啊。

第二个是赵依依，她首先是一个剧情IP、美妆品牌创始人、成功女性。在剧情里，她就是一个美妆公司的总裁，而现实生活中呢，她真的也是一个公司的CEO，是某美妆产品的创始人。去想想，她都能做美妆产品创始人了，说明她对美妆护肤品一定非常了解，非常懂行，对不对，增加了粉丝和观众的信任。再包括她直播间产品的价格非常亲民，所以越来越多的人选择相信她。而通过她的粉丝画像可以看出，她的粉丝人群普遍分布在三、四线城市。很多女性，看到这么一个成功的女人，一个美妆品牌的创始人，一个公司的总裁，在镜头面前是那么的有活力，很亲切，非常自信。很羡慕她这种生活，也很想活成她这个样子，这样就很容易产生信任感，也很容易在直播间购买她推荐的产品。

所以说这两种，他们两个的人设都起到了非常决定性的作用。你想要做带货主播，一定要先想好你想做什么类目，然后根据你的类目，去营造一个适合你自己的，符合你自己性格，符合你自己标签的这样一个人设。

第二节　直播前准备之货

谈到货，其实就是选品，选品是非常关键的，要为粉丝选择适合他们的产品，这样直播间转化率才会高，粉丝黏性才会强。我们要根据自己的粉丝画像，年龄段以及性别、地区、消费能力、兴趣爱好，来选择我们想要带的货。

假如说，我们的粉丝群体一般都在一二线城市，使用的手机都是苹果、华为居多，那么消费能力肯定是有的。这个时候，我们选品的单价就会贵一些，以品牌为主。然后根据粉丝的性别比例，来进行产品的搭配。比如这场直播，可以准备多少种针对男性的用品，多少种针对女性的用品，也是根据粉丝的性别比例来的。通常来说，女性的购买力要强一些，可以多准备一些针对女性的产品。

当然，现在这个阶段，产品价格尤为重要，一定要具备竞争力，跟商家谈下的折扣越低越好，产品品类越丰富越好，可以选择一些网红爆品，多给粉丝准备一些福利产品。如1元秒杀，9.9元包邮之类的，这些产品纯粹是聚人气，增强粉丝信任感用的，不赚钱，甚至是亏钱。一场带货直播下来，不是所有的产品都要赚钱，能有60%的产品赚钱，就已经很不错了。你为粉丝准备的福利越多，你的带货能力也就越强，利润也就越可观。

第三节 直播前准备之场

提到场，就是带货直播间，要学会打造高黏性，高转化率的直播间卖场。比如你今天开了一场美妆类的直播，然后请到了一个著名影星来到你的直播间，那你的直播间人气一下就炸了，因为明星自带流量。这也是很多网红主播在用的策略，就是邀请明星来到直播间做客，当然是需要支付一笔不小的邀请费用的。

比如你是一个花农，那么花田就是最佳直播间场景，也就是在花田里面直播卖鲜花，有一个云南的小伙子，直播7天，卖了150万朵鲜花。如果你是卖水果的，那么在果林里面直播卖水果，就是一个最好的选择，因为消费者可以近距离地看到树上的水果，而不是放在冷藏室，这无形中会极大地增加消费者的购买欲望。记住一点，在你选择直播场景的时候，离原产地越近越好，越近越容易刺激消费者的购买欲望。

接下来，我们来看一下直播间的基础构成。

首先呢，直播画面我们看看有什么组成，包括主播、直播背景、评论区、产品展示区，直播背景一定要布置一个和你带货以及主播人设相符合的场景。直播间的类型都有哪些呢？

第一是美妆，背景一般都是一个美妆柜，然后美妆柜里面有各种各样的美妆产品，同时也能体现主播的专业性，在直播的时候，会从美妆柜拿各种各样的美妆产品来给粉丝展示或者试妆，拉进与粉丝的距离，提高直播间的带货转化率。

第二是服饰，一般可以在门店或者墙角立个衣架就可以直播了，因为门店这样做会增强信服力。如果你是在家里面直播，粉丝可能会觉得衣服质量没有保障，但是你是门店的话，有灯光，有衣架，全部都是现成的，粉丝会更加信任你。

第三是食品，食品要想增加信服力，提升直播带货的转化率，那直播场景最好的选择一定是原产地。假如说，你想要卖草莓，然后你坐在草莓地里面直播，身后全是一块一块的草莓地，有牛奶草莓，有原味草莓，有淡雪草莓、春旭草莓，也有红颜草莓、幸香草莓。你一边直播，一边给大家介绍草莓的种类，然后一边品尝，把那种很好吃的感觉表现出来，让大家看的口水都流出来了。然后你又给出一个非常划算的价格，这个时候，恐怕大多数你直播间的粉丝都会购买。

我们现在来看下多类目的布景案例，先拿美妆来看，美妆一般呈现的是效果。我给大家举个例子，你像涂个口红，肯定要在镜头前看到这个口红是什么样的，然后这个涂到嘴唇上。所以它需要一个中场景去做产品展示，一般都是露一个人的大头像。第二个是服饰，服饰一般利用墙角做景深效果，墙角会有一个假人，或者主播真实上身试穿衣服的一个场景，身后会有一排衣架，展示衣服的款式的多样性。利用墙角还有一个好处是，在墙角一般会显得模特儿比较高，比较美。第三个就是食品，食品和美妆其实是差不太多的，利用前景做一个展示，你就可以利用背景做活动展示。比如罗永浩老师在进行直播的时候，他一般是在前面摆上所有要吃的这些东西试吃，后面做一些活动展示，例如，抽奖、产品介绍。

我们接下来看一看，有的达人想做服装鞋靴环境的布置应该怎么做。

第一个，假人的摆放，一般如果主播不想试穿展示，就是单纯的拎个衣服在那儿展示一下的话，我们旁边需要有一个假人，看到这件衣服穿在模特身上到底是一个什么样的状态。模特你不可能一对模特堆在哪儿，所以镜头里出现的模特身上要穿的是你这场直播主打的一个产品。这样，观众一进来就会看到模特儿身上穿的那件，好多人就会问，衣服的尺码啊，多少钱啊，有没有货啊之类的。

第二个，衣架最好摆满，体现款式多，有吸引力。你想，如果进入一个服装的直播间，只有一个衣架，就一件衣服在那儿挂着，大家会是一种什么样的感觉。所以说，后面不是要摆的密密麻麻，特别密集的那种，但是最起码要有一个美感，多摆一些衣服。体现出，今天你来到我的直播间，我不是让你看一件儿就走了，我只卖一件儿，我后面还有好多件，好多新的款式在等着你们，这样对观众是非常有吸引力的。

第三个，直播场地可放置地毯，提升布景的观感。放一些地毯，让直播间看起来更有质感，更有感觉，整体画面显得很温馨，很能吸引观众，它能有效提升观众的留存率。直播间就是线上的门店，你线下开一家店为何会投入几十万元来进行装修呢，目的就是吸引人来到你店里消费。在线下，如果你的店面很简陋的话，顾客即便来到你店里买，也会很快的离开。线上直播门店也是一样的，要花心思把直播场景布置好，从而可以有效地提升直播间的留存率和转化率。

第四个，墙面背景根据产品类型做搭配，提升层次感。比如服装，可以用一些什么颜色啊？就是说和自己的产品进行一个搭配，然后让观众看直播的时候很有感觉，很有层次感，要营造出这种感觉。

我们现在看一个服饰鞋靴的布置案例，首先我们进到一个直播间，看到主播在拿着衣服展示。所以说，最基本的布置是衣架和衣服。其次是展示模特，这里是主播自己试穿衣服展示，这里没有助理，也没有假人，只有她一个人。就是当主播要给大家介绍某一款衣服的时候，会穿在身上展示效果，通常会进行限量销售。比如这款衣服，只有50件或者多少多少件，营造一种稀缺性和紧迫感，让你买不到就后悔，当然这都是营销策略，屡试不爽的套路。

方台，看到后面有个方台吧，什么时候使用方台配合展示呢？

第一种就是婚纱长裙类的衣服，这个衣服特别长，然后主播身高还不够。这个时候，需要站在一个长台上，让观众看起来主播很高，能够充分把婚纱长裙的美给展示出来。

第二种就是鞋靴类，高跟鞋啊，长筒袜。在展示高跟鞋和长筒袜的时候，不能让镜头趴在地上，这个时候就需要一个方台放在那儿，它可以方便主播去进行展示，以及配合观众的要求，调换方向，等等。

第三种就是模特身高不足时，需要用到方台。有的主播身高不够高，当展示一些长裙的时候，需要用到方台，才能把长裙的美给展示出来

接下来是美妆直播布置的一个建议，首先美妆直播，一场不可能只卖一个产品，那第一个就需要一个直播桌，要够大，能把所有的产品都摆在桌子上，伸手就能够得着。第二个是背景，建议放置美妆展示柜，更能体现专业性。展示柜里面可以放一些，你在这个美妆领域有过什么奖项啊，有达到过什么成就啊，都可以写在上面，如果有奖杯放在上面就更好了。没有奖杯的话，就放满各种各样的美妆产品，口红啊，气垫啊，水乳啊。平时要多准备一些美妆产品，如果一个很大的美妆柜，只零零星星地放几个产品，那就太难看了，粉丝的信任感一下子就下降了。像李佳琦的直播

间，美妆柜摆满了各种各样的化妆品，琳琅满目，非常的有吸引力。第三个是使用低靠背，主播长时间直播，要考虑舒适度。其实直播，大家都知道，真不是一个轻松的活儿，你需要坐在椅子上一动不动，尽量都不要去上厕所。对着手机，就一直在那儿说，所以要考虑座椅的舒适度，坐时间长了特别疼，特别难受。

这里给大家看一个美妆布置的案例，第一个看到李佳琦后面这个背景，各种口红都在冒金光，对不对？朋友们看到，美妆柜里有各种口红啊，气垫儿啊，水乳啊这些东西。第二个图就是你看到后面有花草，有奖杯，有书籍，等等。第一产品的堆砌让观众看起来很有信服感，第二也会使画面布局变得有层次感，第三突出产品卖点。这个时候，你再拿起你想展示的商品，放到镜头面前就非常方便。这就是为什么美妆需要用一个前景去展示。接下来是灯光布置的建议。

第一，背景与灯光要匹配，你不能后面是灰色背景，然后灯光是红色，这明显不搭配。白色墙面，曝光灯光不要直射墙面，否则很容易反光。

第二，服饰类直播场景，灯光颜色建议选择浅灰色。如果你经常看淘宝直播或者抖音直播，就会发现，美妆类的背景墙一般都是浅灰色，为什么选择浅灰色，因为看起来很有高级感。而且打灯光啊什么的，都非常容易搭配，可以说是百搭。

第三，灯光要打匀，你别整的左边脸白的直掉光，右边脸是灰的，对不对？所以灯光一定要打匀。

第四，灯光设备，可以选择环形灯或者补光灯。自带环形灯的水滴支架就基本可以满足需求，补光灯如何摆放，这个根据个人的需求，按照自己的想法和需要去设置就好了。站姿直播，有落地补光灯，有环形灯。像坐姿的直播支架一般都是手机放在上面，一个大圆灯立在上面，对着你的脸。为什么选择环形呢？因为环形灯打光均匀，一个白束照在你的脑袋上，很有画面感。

第四节　直播前准备之硬件设施

在进行一场直播带货前，你还需要准备好这些东西：

第一，稳定的网络，网络一定要流畅，不能老是卡顿或者掉线，观众正在那儿看得起劲呢，突然卡顿或者掉线了，这是非常难受的，而且也是非常糟糕的体验。比如说，你直播间有好几万人在线，突然你网络卡顿，退出了直播间。等你再打开直播的时候，会发现直播间人数变少很多，这实在是非常可惜的一件事情。所以在直播前，一定要调试好网络，确保网络流畅，尽可能用500M或者1000M的光纤。有条件的话，可以使用独享专线。

第二，要准备一台电脑，运营可以在电脑上，上下架商品，或者修改产品价格，如果是在手机上进行这些操作，效率很低而且容易出错。在直播的时候，时间就是金钱，一定要学会使用合适的设备提升工作效率。

第三，可以准备一台 iPad，用来存储电子稿。这样在直播的时候，主播可以拿着 iPad 进行直播，把直播过程中需要用到的直播话术，产品介绍，产品细节，直播注意事项都记录在 iPad 上面。这样直播的时候，就不会忘词了，可以流畅地进行直播。如果没有 iPad 的话，可以准备一张白纸，把要讲的内容提前记在纸上。

第四，直播环境一定要安静，如果比较吵的话，会影响主播的思路和情绪，也会影响粉丝的观看体验。比如你正在直播的时候，如果邻居家响起了电钻的声音，非常刺耳。你的情绪马上就会受到影响，粉丝也可能会离开你的直播间。所以，一定要保证直播环境的安静。

第五，要准备两个手机，一个用来直播，一个用来查看评论。有的主播可能近视，看不清直播手机屏幕上的评论，这个时候准备另外一台手机查看评论就好了。同时用另外一台手机，也方便抽奖，和粉丝互动，回答粉丝的问题。

第六，充电宝和手机支架，这两样东西是一定要提前备好的，如果在直播的时候，手机突然没电，就糟糕了。这会极大地影响粉丝的观看体验，很可能你下次直播的时候，他们就不来了。手机支架不用多说，你不可能一直用手拿着手机来直播吧，需要用手机支架把手机固定在那里。

第七，背景板，背景板可以放一些活动信息，放一些宣传片，或者是放一些产品的图片，等等。这些可以根据自己的喜好去进行选择。直播间放置了背景板，可以提升直播间的专业度，让粉丝更加信任你，可以有效地提升直播间的带货转化率。

这一章主要讲到了电商直播的人、货、场，如何打造带货人设，如何根据粉丝画像选择产品，如何布置直播场地，以及一场电商直播的人员配置和分工，还有进行电商直播前的一些需要准备的设备。这些都是进行一场带货直播前需要做的准备工作，当你把这些都做好了。当开始直播时，就会取得事半功倍的效果。

第三章

直播团队配置及岗位职能介绍

一场成功的带货直播不仅仅是主播一个人就能完成的，随着直播带货越来越火爆，更多的是拼的团队和供应链，一个完整高效的直播团队尤其重要。想让粉丝跟上你的节奏，也是需要进行预先的策划、充分的协调、良好的演绎才能达到完美的效果。一场完美的直播需要人、货、场都准备充分，人需要运营利用各种推广和引流手段把直播间推广出去。货需要选品团队根据粉丝画像选择适合他们的产品，并且要与商家谈判，拿下较低的折扣。直播间场景也是需要精心布置的，灯光如何打，背景墙如何设置，声卡调试，机位和场景切换，等等。所以现在的直播带货越来越专业，越来越考验团队的配合和能力。如果你只有一个人，是没有办法和一个团队竞争的。要想做好直播带货，就需要有一个高效运作的团队，各司其职，各展所长，充分发挥各自的能力和优势，才能把直播带货做好。在这种环境下，就必须了解一个直播团队究竟都需要包含哪些成员，各个成员的职责是什么，如何进行管理，如何进行高效搭配。

第一节　主播的岗位职能介绍

直播团队成员主要包括主播、助理、场控、运营人员、选品小组、拍摄剪辑、客服及售后等。每个岗位相应的岗位职能都非常多，可以看出，直播团队要比短视频团队复杂得多。短视频团队，一般只需要运营、拍摄剪辑、演员就够了，而直播团队需要的人就比较多了。

主播主要是以介绍产品为主，助理是负责协助主播更好地完成一场直播。场控主要是直播现场产品的改价，现场的气氛营造或者是现场的一些特殊情况处理，运营人员主要工作是数据运营以及推广。拍摄剪辑主要是拍摄一些直播预告视频，客服以及售后主要是处理粉丝关于产品的咨询以及售后问题。

主播，主播是整场直播的核心，首先他需要熟悉产品的信息，熟悉活动的信息以及销售产品的展示和解说。产品好在哪里，不好在哪里，适合什么样的人群，给出粉丝购买的理由，提出不可抗拒的成交主张，等等。还有对直播过程节奏的把控以及复盘直播内容。这是主播应该做的事儿，一场带货直播能否成功，很大程度上取决于这场直播的主播。主播在镜头前需要较好地表现自己，进入亢奋状态，才能在长达几小时的时间内，始终调动观众的积极性，让观众一直留在你的直播间。需要注意的是，主播一定要化淡妆、衣着整洁大方，给人以良好的第一印象（特殊人设主播除外）。并且，不同行业主播的侧重点也有所不同。例如，美妆主播最好是保证全妆状态，服饰类主播应打扮贴合本期直播主题，时尚大方。此外，耐心回复观众问题，在直播时保持良好耐心和较好亲和力，这些都是"观众缘"的重要组成部分。直播间没有字幕，内容全靠主播传递给观众，这对主播的语言表达能力有一定要求，需要主播有适当的语速（不能过快，观众容易听不清；不能过慢，影响直播节奏）和较为标准的普通话。

第二节　幕后各岗位职能介绍

不同的岗位具体职能是什么，该做什么事情？需要具备哪些能力，如何找到合适的人，如何进行高效的配合和工作。团队作战要想取得1+1>2的效果，就必须分工明确，配合得当，正确选择核心团队成员，建立起信任关系。下面是幕后不同的岗位具体职能。

助理，助理主要是配合主播做一些烦琐的事情，如抽奖环节的互动，简单的介绍商品，回复粉丝问题，以及协助执行直播。一般助理不会出现在直播镜头中。在直播前，助理要把主播需要用到的讲稿准备好，直播过程中需要用到的展示商品也要提前拿到直播场地，同时要调试好补光灯、声卡，检查手机是否正常，充电宝是否备齐，等等。在直播过程中，助理要和主播进行默契的配合，提醒主播对直播间节奏的把控，每个商品解说时间的分配，以及进行直播间的粉丝维护，等等。直播结束后，助理要把相关的直播设备收好，进行相关数据的汇总，等等。

场控，场控主要是负责直播过程中，产品的上下架以及改价，直播间氛围的营造，发放优惠信息，发红包，抽奖，送礼物，库存提醒，带货话术临时调整，等等。还要负责直播镜头的切换，近景、中景、远景的切换，比如有时候你需要给产品一个特写，就需要切换成近景，让观众可以更直观地看清楚产品的细节。有时候需要把主播和产品都显示在镜头里，就需要切换成中景。场控要根据不同直播阶段，不同的需要，安排摄像师进行镜头的切换，以达成最好的直播效果。一场带货直播，能否流畅地进行下去，场控起着非常大的作用。

运营，运营是整场直播的大管家，从前期直播间的推广，到直播过程中主播需要用到哪些话术，以什么样的方式介绍产品给粉丝，到后期直播数据的分析和优化。运营首先需要解决直播间观众的问题，如果一场直播只有几百人，主播能力再强，也产生不了很多业绩。

运营需要用各种方法和渠道吸引人到直播间，比如通过发布直播预告视频，告诉大家某个时间要开直播了，给粉丝提供了各种各样的优惠产品，还有抽奖活动，甚至是送手机，送汽车，等等。同时还要把直播预告视频进行一个精准的投放，就是你要吸引有消费能力的人来直播间。可以通过付费推广的方式把人引到直播间，就是把制作好的直播预告视频进行广告投放。目前还是一个红利期，广告是非常便宜的，一般来说，投资回报率可以达到1∶3以上。当然也可以通过给其他主播打赏，连麦的方式来吸引人气，有很多种方式。作为一名运营，一定要精通各种各样的引流方式，通过测试和优化，选择一种或多种最适合自己团队的推广方式。这是关于直播间人的问题。

运营还要在设计直播过程中，解决主播带货话术的问题，就是用什么样的话术，主播带货转化率比较高。要根据主播的风格，设计一套适合她的话术。开头怎么说，中场休息怎么说，直播快结束时怎么说。要整场直播下来，不会冷场，让观众有沉浸感，愿意待在直播间。你要知道，每天都有大量的直播，你要有方法让观众停留在你的直播间，而不是去另外的地方了。每一种产品，应该怎么介绍，用什么样的语音和话术介绍。怎么讲，能够营造稀缺性和紧迫感，这都是需要运营为主播设计的。

运营也要进行数据分析，一场直播结束了，运营要学会看数据报表。比如这场直播一共有多少人来到直播间，在线人数峰值，人均观看时长，互动数据，以及收益分析。有多少人是来自于关注，有多少人来自直播广场或者视频推荐，又或者是同城。在整场直播中，哪款产品销售最好，哪款产品销量比较差。运营要根据这些数据，进行优化，为下一场直播做准备。

所以，运营的工作是非常的烦琐和重要的，一个合格的运营需要具备写文案的能力，推广直播间的能力，设计直播话术的能力，也要精通直播间数据分析和优化。

选品小组，选品小组就是挑选符合粉丝需求的产品。这个要根据粉丝的用户画像以及粉丝的日常评论和反馈，来判断什么样的产品，粉丝会进行消费。比如如果你的粉丝都是在一、二线城市，使用的手机设备都是苹果、华为居多，那么一些品牌的产品就比较适合他们，当然也要有适当的价格优惠。选品小组需要做的另外一个工作，就是要确保产品的品质没有问题，每一款产品都要进行试用或者试吃。下一个要做的工作是，和商家谈下一个比较大的折扣，现在直播电商做得好的，往往都是价格取胜，就是这个产品在你直播间是全网最低价，而且是限时限量。粉丝不买，错过了，往往会后悔。所以，选品小组一定要会谈判，能够和商家谈下比较低的折扣。

拍摄剪辑，拍摄其中一个重点工作是负责直播过程中，远景、中景、近景的切换，根据不同时间段，不同的需求，进行正确的切换。另外一个工作是，拍摄直播预告视频，就是吸引人来到直播间的预告视频。这个是要根据运营的需求来进行拍摄的。剪辑也是要根据运营的需求，把预告视频剪辑出来，配上字幕和背景音乐以及视频画面的特效处理。

客服以及售后，客服需要做的工作就是在直播过程中积极回复粉丝的私信，能够及时解答客户遇到的问题，提升客户对主播以及公司的信任感。并把私信中比较具有代表性的问题，整理好反馈给运营。客服需要做到及时响应，当有客户私信问问题时，要及时回应，甚至是秒回。会让客户觉得你的用心和专业，从而更加信任主播和主播团队。

这就是主播团队配置和职能介绍，一个专业的主播团队是需要包含上面的各成员的。如果你是刚开始直播的初创公司或者个人创业者，可能要一个人身兼数职，既是主播，又是运营、客服，还要自己拍摄，等等。但是当你有了一定的起色之后，一定要只做自己最擅长的，组建一个直播小团队，这样才能最大化地发挥你的优势。现在别人都是团队作战，如果你只有一个人，是很难与他们竞争的。

第四章

直播带货运营禁忌及雷区规避

要想做好直播带货，就一定要了解平台的规则，千万不要触及雷区或者做一些违背平台价值观的事情。否则很容易被封号或者限流，直播带货最需要的是人气，如果平台不给你流量，你再怎么厉害，也没办法做好。更有甚者，粉丝几百万了，因为触碰了平台的底线，直接被停播或者封号，这样就得不偿失了。所以在开始直播前，一定要仔细学习和了解平台的运营禁忌和雷区。这样才能做到有的放矢，比较快地成长，超过同行，成为头部玩家。

本章提到的一些运营禁忌和雷区，都是各个主播在直播过程中很容易触犯的。有的因为触碰这些规则被暂时禁播，有的甚至是永久封号。

第一节　直播间运营操作规范

首先我们介绍一下直播间里面，主播的一些通用的行为规范。这些规范，不管在任何场合，在任何渠道进行电商销售的时候，都是应该遵守的。

在直播带货的时候，我们绝对不能以口播或者在直播间里面写题板的方式涉及政治、宗教、黄赌毒周边的一些话题。还有一个是不能涉及迷信，因为有的主播卖的一些产品可能跟运势相关。比如说项链啊，手镯啊之类的，有的主播在向粉丝介绍产品的时候，会提到他们家的产品可以改运或者是请法师开过光之类的。就是不要过多地去解读产品的一些附加的功能，项链和手镯本就是装饰品。你不能向粉丝传输，它具有改运的一些功能，不然就会涉及迷信，会被平台打击，甚至是封号。这个要特别注意，尤其是一些在直播间卖首饰的主播，千万不要提到封建迷信的东西。

另外，在直播间里面，千万不能和粉丝互怼，说脏话或者抬杠互骂。有的时候，一些问题是可以争执，可以讨论。比如你的观点，粉丝不认同，甚至说了一些难听的话。但是作为一名主播，你不能情绪失控，说一些脏话甚至是飙起来一些大家都知道的不文明的语言。这都会导致直播间被关闭，甚至账号在一段时间内被封禁，或者直接永久封禁。有的时候，在直播间里面和粉丝争执，是为了营造一种热闹的氛围，让粉丝达到看热闹放松的目的。但是要把握一个度，千万不要出现不文明用语。一方面会有损观众观看直播的体验，另外一方面也会导致直播间被封禁。

最后一点是，绝对不能在直播间展示二维码或者口播其他社交平台的账号。比如你把你的微信号或者QQ号在直播间念出来，让粉丝加你微信或者QQ，这个一旦被发现，会直接被停播。这个是很多主播都想做的事情，总想建立自己的私欲流量池，不过这是不被平台允许的。有的主播会把其他平台的账号二维码打印出来，贴到直播背景墙上，让粉丝去加，这是抖音平台严厉打击的。抖音平台有自己的电商系统，它鼓励主播在自己的系统内卖货，但是不允许把流量引导到另外的平台交易。因为这样它就不可控了，对于消费者的权益是没有保障的，这也是平台严格管控的一个主要的出发点。有的主播，把人吸引到微信，然后会卖一些劣质、假冒伪劣的产品，抖音平台是没有办法进行管控的。所以，抖音只允许主播在它的交易闭环里面完成交易。不允许把流量带到其他的平台，不然消费者的权益没法得到保障。

还有一个特别容易被大家忽略的直播运营的细节，那就是直播的封面。我们开始直播的时候，需要设置一个直播封面。很多主播都是随便设置一张封面，然后标题也是随便写。其实直播封面是非常重要的，能够给你增加很多的流量和人气。而且直播封面设置得好，也容易被推荐到直播热门广场。那么直播封面应该怎么设置比较好呢？一般会选择真人搭配产品的一个合照，比如说你手持产品拍一个这样的照片，要高清，并且有吸引力。很多同城的人，看到你的直播封面不错，就会进到你的直播间。直播封面上的文字不要过多，要言简意赅，明确当天直播的目的和活动信息。直播封面上的文字要规避极词，像最、第一、国家级、顶级、高档、世界领先、唯一、首个等，这些极词不要出现在直播封面上。因为根据《广告法》规定，广告中不能出现极词。一旦出现了，就是违法行为，平台也会进行违规处理。主播的着装也要特别注意，因为在制作封面的时候，要拍到主播。所以主播的着装一定要合理，动作要适度，不要太紧张，也不要拍得太随意。要有那种很吸引人的感觉，让人看到这个封面，就有想进入你直播间的冲动和欲望。

第二节　抖音直播运营操作规范

下面我们从几个维度，来把抖音运营的雷区和操作规范详细展开讲一下。

第一，带货主播的语言规范，我们要避免地方性口音过重的直播风格。建议大家有的时候，带一点点方言，是有利于直播前期启动的。你在直播的时候，普通话夹杂着方言，会让观众觉得很有意思，有趣味性，无形中增加了直播间的氛围和粉丝黏性。但是千万不要理解为，可以一直用方言来进行直播，有些地方的方言是很难让人听懂的，比如粤语、闽南语、上海话，尤其是粤语，很多北方人一点都听不懂。这个大家一定要规避，直播的时候，可以偶尔加杂一两句方言，但是不能长时间使用方言直播。平台检测到你长时间使用方言，也会进行违规处罚，把你"关进小黑屋"，禁播处理。有的人会说，我不太会讲普通话，难道就不能直播了吗？这个是可以的，但是你尽量讲一些比较容易让大家听懂的，咬字比较清楚的话，这样你附近的人看到你直播，感觉还很亲切。前提是，你得保证你说的这些话，大家能够听明白，能够理解到位。

第二，在直播过程中要避免使用极词。避免使用全球第一、国家级、万能、顶尖、高级等这些词汇，这些词汇是属于对用户进行的一些误导性宣传。不是说这些词汇只是不能出现在产品包装上或者网页上，在我们直播过程中，也要避免说这些词。这些都是属于敏感词，平台有声音识别系统，当识别到你说这些词的时候，会给你提醒。严重的话，会直接禁播。另外，国家领导人名字，其他平台的名字等，也不能说。这些要特别注意，一旦你说了，被平台识别到，账号权重就会下降，开直播时，人气就会急剧下降。想再恢复回来，是非常困难的。

第三，避免太过极端的非正常的直播语音，这句话要怎么理解呢？什么叫非正常，比如一个男性主播故意用特别女性化的风格讲话，这就有点标新立异。或者有人用咆哮式的方式直播，介绍产品。这些其实都是非正常的直播语音，这种方式其实会让这个直播的过程脱离产品的本身。作为一名带货主播，要把重点放到对产品的介绍上，你可以把话术做得很精致很完美。但你不要在表现形式上，在声音上太过不正常。就是直播的时候，不要太做作，本色出演。太做作的话，你可能坚持不了太久，因为一场直播一般都要2~3个小时。一直在那里装，很做作，主播也会很累。

直播过程中要避免出现抽烟、喝酒的行为，就是在直播的时候，你不能抽烟，也不能喝酒。就是做出用手夹烟，叼烟的动作，也不行。因为可能会有一些未成年人看直播，你如果直播过程中出现抽烟、喝酒的画面，对未成年人是一个错误的引导。这是法律不允许的，也是平台重点打击的。主播不能以任何形式，让烟、酒出现在直播画面中，直播言语中也不能出现跟烟酒有关的词汇。这个要特别的注意，有很多主播因为不注意这个，导致直播间被封停。

要避免容易引发误会的产品示范动作。有些产品需要主播去展示，像衣服，鞋之类的。在进行展示的时候，动作一定要合理，不要不雅观或者做一些不太好的暗示。我们要避免在换衣服的时候或者在产品体验中不慎走光，这个要特别提醒做女装直播的。做女装直播的，经常要换衣服，换衣服的时候一定要离开镜头。很多有经验的女主播，在里面都会穿一个背心，但是也不能在镜头前换衣服。换衣服的时候，可以让助理在镜头前临时顶一下，和大家互动一下，你换好衣服后，再迅速来到镜头前面。直播过程中，最忌讳的就是在镜头前换衣服，被平台发现，会立马封停直播间。

这是我们主播在直播时，对行为上的一些规范。

接下来，我们再把行为规范里面，衣服这一条深入地讲讲。这个是很多服装类主播会不注意的细节，也是最容易出问题的地方。一旦不注意，被平台识别到，就会被停播 1~3 天，会打乱你正常的直播节奏，影响粉丝的体验。

女主播要避免穿低胸/透视/肤色/超短裙。透视是什么意思呢？就是有很多种我们这两年流行的女装，穿在身上，可以隐隐约约看见内衣，让主播看起来很性感，能把主播的身材完美地表现出来。低胸是指女性穿的低领上衣，穿低胸装，可以增强女性性感。主播也不要穿那种肤色的，有的主播喜欢穿肉色的 T 恤或者上衣，但是有时候系统可能识别为，主播是裸体，没有穿衣服，非常的危险。服装类主播，穿超短裙，在换衣服或者试衣服的时候，很容易走光，引发一些不良的评论。有时候来你直播间的人，会有一些未成年人，系统并没有办法百分之百地推送给精准人群。

还有一个需要重点注意的是，内衣不能真人试穿，只能拿在手上或者挂在衣架上，或者是套在模特身上进行展示。如果主播真人试穿展示，很容易走光，引起不良反响。另外一个，很容易被忽略的是，镜头聚光不当。什么意思呢，就是在直播的时候，手机镜头可以对焦，如果对焦到女主播的胸部等敏感部位，系统也会发警告过来。

第四，主播如果有纹身的话，不能露出纹身。很多年轻人，为了追求时尚，会在身体的某个部位纹身。在直播的时候，一定注意遮挡自己的纹身。你可以带一个冰丝袖的手套或者长筒袜，把身上的纹身遮挡住。要看你的纹身是在什么地方，有的女主播胸部有纹身，那在直播的时候，就要穿一个高领的衣服，把纹身遮挡住。在直播间，长时间的暴露纹身，会受抖音系统警告的，这个作为一名主播，一定要知道。

然后还有几个特别要注意的事项是：

禁止在境外直播，旅拍直播带货博主特别要注意，当你在境外旅游的时候，不要开直播。事实上，你压根开不了播，即使你能开直播，也会很快被关停。如果你在境外开直播，被系统发现后，会被禁播几天。严重的，会直接封号处理。抖音是不支持境外直播的，当然，你在境外拍一些视频，发到抖音上是没有问题的。

禁止枪支直播出镜，仿真枪，玩具枪也不能出镜，这个被发现后会直接封号处理。枪支属于危险品，在直播间中出现，会扰乱社会秩序，引起不良社会反应。甚至有的直播间，有未成年人进来，会对未成年造成误导。枪支出镜，是平台和司法严厉打击的行为，千万不要以身试法。

禁止直播间截屏抽奖/评论区随机抽奖。前段时间，很多主播为了吸引人气，都会在直播间进行截屏抽奖，或者在评论区随机抽奖。什么是截屏抽奖呢？就是主播让粉丝打某个数字或词语，然后随机截屏。谁是第一个，谁就中奖了，然后会得到一份福利或者奖品。这本来是一个好事情，能够提升粉丝黏性。但是有些主播不兑现，不发奖品，就变成了欺骗。这就导致很多用户向平台投诉，说被主播欺骗了。平台认为这损害了用户体验，于是就禁止了这种抽奖行为。抽奖本身一种很好的运营策略和工具，估计后面抖音官方会推出抽奖的功能。现在的话，在直播过程中，不要再进行截屏抽奖或者是评论区抽奖，否则会被平台警告或者封号。

第三节　直播的运营注意事项

在直播过程中，主播尽量避免出现以下几种情况。

第一，开播时间不固定，随意下播。最好有一个固定的直播时间，比如每天晚上7点或者8点开播。在账号主页说明，让粉丝知道你每天直播的时间，这样你开播时，粉丝就会主动过来。时间长了，就会形成一个观看习惯，如果哪天不来看你直播，感觉缺点啥似的。所以一定要在每天固定时间直播，没有特别重大的事情，不要改变这个习惯。粉丝黏性培养不容易，如果一堆人正在看你直播，你突然下播了，这个体验是非常糟糕的。

第二，不要总是固定和某几个粉丝聊天，内容偏离产品。如果你总是和某几个粉丝聊天，容易聊得很深，就会偏离这场直播对产品的介绍。在前期直播的时候，直播间人数不多，可以尽量和每一个粉丝都打招呼。可以和粉丝互动，但不要太深，否则会影响你对直播产品介绍的节奏。还是要以带货为主，突出介绍产品的特性，以及提出成交主张。

第三，在直播过程中，网络一定要稳，环境也要注意，不能太嘈杂。否则很容易影响直播的体验。如果出现网络不稳、掉网的情况，那么直播间就会自动关闭。关掉之后，你好不容易吸引来的人气就没了。等你再打开直播间的时候，那些人可能就不回来了，尤其是没有关注你的人，都找不到你的直播间。所以，如果网络不稳，出现掉网的情况，会让你损失很大。一定要确保网络流畅，尽量用200M以上的光纤。

第四，直播产品介绍分布时间不均匀，主播控制时间能力差。对于主播来讲，你本来可能要一小时过三款或者四款产品。但是如果你对某一款产品介绍的时间过长，就会打乱整场直播的带货节奏。有的主播，讲着讲着就投入进去了，忘记了时间，这个时候就需要助理去提醒主播，注意把控时间。你可以把提醒文字写在一张卡片上，拿给主播看就行了。

第五，移动直播过程画面抖动或远机位收音有干扰。有时候我们是在门店直播，或者是商场、车间等，需要进行移动直播。在移动直播的时候，画面一定要稳定，手机要拿得比较稳。我建议大家准备一个手持稳定器，把手机固定在上面，这样可以防抖动。还有一个问题就是，在移动直播的场景里，我们会涉及声音的问题，尤其是在比较嘈杂的店里面。这时候，我们需要主播戴一个无线收音的麦克风，把声音收进去。这个要注意，因为移动直播的时候，主播离摄像机摄像头比较远，声音会比较嘈杂或者主播的声音不清晰，所以需要准备一个无线收音的麦克风。

第六，尽量避免一个人同时进行多账号直播，有的主播会同时几十个账号直播，这也是平台不允许的。同时也会影响用户体验，因为几十个账号一起直播，你没有办法看到每一个账号直播间的粉丝反馈，不能和粉丝进行有效积极地互动。建议如果是门店的话，就老老实实做好一个号就可以了。其实用心把一个账号做好，就不得了。现在越来越讲究精细化运营，把一个账号打磨好，胜过别人几十个账号。像薇娅、李佳琦、辛巴、罗永浩，他们都是一个号在直播，单场直播带货流水过亿元。与其运营多个账号，倒不如把团队的精力都放在一个账号上，用心打磨，积极地维护好粉丝，拓展流量入口和渠道，把控好产品，给粉丝提供较多的折扣和福利。做好直播数据分析和优化以及复盘，这才是应该要走的路。

第七，要避免主播长时间离席不在场，一场直播往往好几个小时。在直播过程中，主播有时候要去洗手间或者其他的事情临时离开。在主播离开的时候，就让助理顶一下，和粉丝互动下，或者发一个福利啥的。有的直播，会特别安排这样一个环节，就是趁主播不在，助理偷偷发放一个小福利，很低折扣的商品，让大家疯抢。其实这都是事先设计好的，但是效果却非常好。一定避免出现直播间没有人的情况，不然很多粉丝会流失掉。就是一定要避免直播间长时间静态画面出现，一方面平台会识别静态画面的直播间，减少流量的推荐。另外一方面，粉丝体验也不好，很多粉丝会离开直播间。所以在主播去洗手间或者其他事情的时候，可以安排助理顶一下，跟粉丝聊聊天儿，让他们点个关注，加入粉丝团，或者是分享直播间等。

第八，避免长期使用他人代播，这是什么意思呢？就是短视频的人设IP是一个人，而开直播的时候，是另外一个人在直播。粉丝进来直播间，有种上当受骗的感觉。直播过程中，带货转化率也不会太好。所以一定要保证人员的一致性，这样粉丝进来后，会比较认同主播，也比较容易购买主播介绍的产品。另外，要保持短视频人设和主播人设的一致性，比如你短视频中塑造的是一个邻家姑娘、很温柔的一个人设。那么直播的时候，最好也保持这样的一个人设，让粉丝有种熟悉的感觉，不然又要重新和粉丝建立信任感。就是在直播间，要延续短视频给大家呈现的那种熟悉的感觉。而不是换成了另外一种，和短视频中呈现的不匹配的风格，让观众觉得很陌生。短视频其实是为直播做准备的，直播间的观众很大一部分是来自短视频。所以，很多主播，在开直播前，都会发布一个直播预告视频。就是告诉粉丝和观众，大概几点会开播，会给大家带来什么样的福利，直播会有哪些环节和活动信息。目前来说，要想直播带货做得好，价格是一个至关重要的因素。就是你带的货，一定要物美价廉，最好还是品牌，质量有保证。比如这个产品，实体店专柜是 200元，在你直播间是 139 元，限时限量购买，而且又有赠品相送。粉丝觉得买到了便宜，不买会后悔。所以，作为一名主播，要学会营造稀缺性和限时销售的气氛，同时加上超级赠品。我看过一场美妆类的直播，单品转化率能做到 20%。就是有 10 万人看直播，其中一个单品，有 2 万人购买，整场直播下来，销售额是3500 万元。使用的主要一个策略就是超级低的折扣，这个美妆品牌在全国有很多家实体店，粉丝很清楚地知道，这个产品在实体店的具体价格。当直播间提供了一个大折扣的时候，很多人会疯抢。这是目前大部分主播都会使用的套路。

　　以上就是主播在直播过程中，应该注意的规则和避免踩的雷区。不管在什么时候，都应该遵守平台的规则，这样才能长久地走下去。如果不遵守平台规则，即便刚开始很顺利，后面也会越来越难。如果平台因为你触碰了规则，不给你流量或者是封停你的账号的话。你无论如何，都是做不起来的。所以大家在开始直播前，一定要认真学习和了解平台的规则和雷区。这样才能在直播带货这个赛道，闯出一片属于自己的天地。

第五章

直播带货全链路解析

要想做好直播带货，需要知道都包含哪些环节，需要具备哪些能力和条件。并不是所有人都适合做主播，也不是所有的公司能都进行直播带货。很多团队和公司，在转型短视频和直播带货的时候，都亏钱了，有的甚至亏了数百万元甚至更多。本章将从6大维度为你解析直播间如何搭建和优化，究竟如何才能做好直播带货，如何才能抓住直播带货这场红利。

第一节　维度一：电商直播是什么？

直播带货其实就是电商直播，电商直播极大地提升了店铺运营效率。比如一个十万人的直播间，一场4小时的直播，销量10万单，流水2000万元。而这样的业绩，往往是一家传统电商公司一个月才能完成的，并且需要一个几十人的团队。但是这场流水2000万元的直播，团队成员却不多，只有主播、助理、运营、选品小组几个人。所以一个几个人的直播团队，往往会干掉一家电商公司，这一点也不夸张。

电商直播究竟是一个怎么样的形式呢？很多商家朋友对这一块的理解有一些偏差，就会导致成效被削弱。电商直播并不是简单安排一个客服或者主播坐在手机前面讲就行了，而是很多细节都要优化好。首先是直播间要有足够的人气，其次是主播要把控直播和产品介绍的节奏，再次是主播要掌握一些营销技巧，能够营造稀缺性和紧迫感，最后要做好数据复盘。很多门店或者公司，把直播间变成了一个聊天的地方，变成了答疑的场所。其实直播带货，就是单纯的带货就行，把产品介绍清楚，给出一个超级优惠和赠品，直接让观众下单购买就行了，不需要和粉丝有很深的交流。因为直播间有几万人，你没有办法照顾到每一个观众。有的主播讲着讲着，就被粉丝的发言给带跑偏了，这是非常糟糕的。

一、消费环境的重构

直播的这种形式到我们的生活里，已经有很长一段时间了。我们比较熟悉的是游戏直播和才艺直播，很多网红会通过直播和粉丝交流、谈心等等，然后获得一些音浪收入或者是广告收入。电商直播是近两年才兴起来的，并且产生了巨大的商业价值。快手主播辛巴2019年全年带货133亿元，很多A股上市公司都没有这样的业绩。直播带货，其实是销售模式和消费环境的一个重构。以前我们卖货会怎么卖，我们会租一个店铺，或者是商场里面的一个柜台，等待消费者过来买东西。位置越好，地段越繁华，租金也就越贵。后来有了电商，我们可以把产品放到网络商城里面去卖，像淘宝、天猫或者京东等。但是网络商城，消费者只能通过产品图片或者视频来了解一个产品，不是很直观。虽然可以问客服一些问题，但是有时候客服反馈不及时，再加上有些人比较懒，不愿意和客服聊太多，这就出现了一个客源流失的问题。还有一个问题，有一些年龄大的消费者，其实他们是不太懂得使用电商的，电商购物的使用门槛还是比较高的。

到2018年的时候，直播开始进入到电商的生意里面，商家开始通过直播的方式销售产品。但是不能仅仅认为，直播就是进行一个简单的产品售卖。往深点说，直播带货这种形式，重构了消费者的消费环境。以前消费者想要了解一个产品，需要进入某购物网站，进入某一个店铺，然后找到这个产品，看下产品介绍，还要再和客服聊聊，然后货比三家，需要花很多时间。拿我自己来举例，其实我之前是很少在网络商城购物的，因为我觉得比较麻烦。到处比价，看产品介绍，和客服聊天是一个很烦琐的事情，我认为浪费了自己大量的时间。但是我却喜欢上了直播间购物这种形式。一是省时省力，不用思考，主播在介绍产品的时候，我认为我能用得上，就会买，几分钟就能决策买到一个产品，而不用再花时间和精力看产品介绍。二是产品价格便宜，在直播间，主播提供的产品价格一般都要比网络商城的便宜，物美价廉。基于这两点，我就喜欢上了直播购物这种消费形式。我相信和我有一样感触的，大有人在，特别是年龄大的消费者。

电商直播是基于直播形式的产品售卖，将原来线下以及电商平台店铺的消费场景转移到直播间。其实电商直播间就是一个云端的门店，要想做得好，就要像装修线下门店那样，投入精力装饰直播场景，优化直播流程和细节。

二、缩短了决策链路

什么叫缩短了决策链路呢？以前消费者买东西，由于不清楚商品的情况，在决定买一件产品之前，总是会进行很多思考，货比三家，问客服很多问题。比如想要买一件衣服，就会担心衣服的质量如何，自己穿上好不好看，舒不舒服。因为店铺里，衣服的展示都是模特照片，而且是PS过的，到底衣服如何，不能确定。虽然各个店铺都有7天无理由退款，但是把衣服买回来，不合适，再退掉也是很麻烦的。现在大家都很懒，不想那么麻烦，做过多的思考。网上有一个笑话，就是一个女士在网上看上了一件漂亮的衣服，模特身上特别好看，然后就买回家，穿在身上给老公看，结果第二天老公提出了离婚。因为他发现，妻子这么丑，买衣服也不会买，买这么难看的衣服。虽然是个笑话，但是可以看出，很多网店里面，衣服的图片或者视频展示是不可信的，都是经过技术处理的。这就造成很多消费者在网店买衣服的时候，会犹豫再三，生怕照片和实物不符。

电商直播，能够把已经很漫长的这些决策链路缩短。以李佳琦为例，他能够在3~5分钟的时间里面，让消费者为一款从来没有听过的口红埋单。这是为什么呢？首先，李佳琦的粉丝很信任他，认为他推荐的东西肯定会不错。这个是长期以来李佳琦塑造的一种口红专家形象。其次，李佳琦在直播间卖东西，都会是限时限量销售，让大家疯抢，你动作稍微慢一点，就抢不到了，所以消费者没有太多的时间思考。只记住了李佳琦的一句话，抢到就是赚到了，所以观众没有太多的思考时间。因为你思考的时候，可能就已经被抢没了。真的没货了吗？当然不是，这是他故意营造出来的一种假象。事实上，在他下播后，你再去联系客服购买，也是可以买到的。但是大部分的观众都比较懒，也不会去验证是真是假，在当时那种场景中，只会记住一个动作，抢就对了。

三、消费者深度沟通窗口

为什么以前在电商平台不太好卖的东西，在直播间能够卖出去。因为消费者以前遇到障碍，非常难以得到及时的回应。直播让品牌可以了解客户遇到了什么障碍，以改进后续的表达方式以及推荐方向。比方说一些蛋肠机、面条机，只是通过图片或者视频的话，你会想，它是不是真的这么好用。但是当主播用这个蛋肠机，在直播间里面，花几分钟时间，做出了一个香喷喷的鸡蛋肠，你马上就被说服了，会做出一个购买的决定。再如，一些大码的女装，大码的男装，我们的身材比较胖比较高，穿上去会不会有问题。在直播间里面，用户的这些问题，可以马上得到反馈和解决。并且是现场展示，打消消费者的顾虑，这个是很厉害的。不像网店的客服那样，敷衍了事。通过这些深度的沟通，其实就大大减少了消费者不安的感觉，让消费者感觉到，我已经充分掌握了产品的信息，然后就会拍板来下单了。

另外，在直播间，我们是一对多进行带货的。当我们回答某一个粉丝的问题时，可能其他的观众也会有类似的问题，当他的问题被解决了，也会做出购买的决定。所以，主播在直播间，不要害怕大家问问题，要有技巧性地回答粉丝的问题。就是找一些有共性地问题来回答，如果直播间人数比较多的话，你要照顾到大多数人。

当我们理解，现在的直播间是属于一个消费环境重构的时候。我们第一个要明白的就是，必须充分重视我们的直播间。我见过很多商家，听说直播带货很火，就安排一个客服或者员工在那儿开直播，每天直播 5、6 个小时。客服呢，也不太懂，就坐在镜头前和观众聊天，产品介绍也不太懂。一天下来，也卖不了多少东西。老板一看，不行啊，直播带货卖不了东西，不适合自己。其实不是直播带货卖不了东西，而是他们卖不了东西。直播带货这种模式，已经成为主流，甚至是变成企业的标配。如果企业或者传统电商公司，还没有开始布局直播带货，或者还没有专门的部门来运行，很快就会被市场淘汰。因为消费者已经习惯了，在看直播的时候，就把需要的产品买回家了。企业也必须适应这种改变，抓紧时间布局直播电商。

第二节　维度二：直播带货成功因素——选品策略

选品对于电商直播来说是非常关键的，要根据粉丝画像，选择符合他们消费能力和兴趣的产品组合。一场直播下来，一般要销售 15~20 款产品，不同的时间段卖什么样的产品，怎么进行价格设定，如何进行赠品组合，都是需要精心设计和布局的。一般来说，刚开始会卖几款引流产品，很便宜，不赚钱甚至是亏钱的那种，用来激发直播间观众的购买欲望。当观众变成你的付费客户之后，你再卖其他的产品，就会容易得多。

直播间的产品布局，决定了消费者能通过观看直播获得什么信息，也决定了能否推动产品的售卖，因此一定要为直播间制定选品策略。

首先是价格，我们要尽可能选择价格门槛较低的产品，结合容易感知的优惠，降低消费者的犹豫时间。能选择 99.9 就不要 100，尽可能降低消费者的心理门槛。根据相关数据显示，100 元以内的产品，在直播间销量比较容易上去。产品价格超过 100 元，销量就会缩水很多。其实大部分的消费者，对于价格都是很敏感的。超过100元，他们就会思考，到底需不需要这个产品，价格是不是真的便宜，等等。在为一场直播的产品组合设计价格的时候，一定要有高有低，高低搭配。比如9.9元包邮的产品可以用来激发观众的购买行为，把他们变成付费客户，让他们体验一下整个的购买流程。很多用户可能从没有在直播间买过东西，不熟悉怎么购买，这个时候让他们体验下购买的流程是很有好处的。当然，如果9.9元包邮，产品不赚钱甚至亏钱的话，可以限量销售，比如设置500份或者1000份。一定要造成那种，不马上下单就买不到的假象。人都有拖延的习惯，要通过限时限量销售打破这种拖延的习性，从而提升直播间的带货转化率。

一场带货直播，产品组合要有引流产品，中端产品，高端产品。引流产品，就是不赚钱甚至亏钱的那种，用来和粉丝建立信任感，让他们得到实惠，认为是占到了便宜，增强对主播和公司的认可。中端产品，就是9.9元到99元的产品组合。这个类型的产品组合，通常是一场直播最赚钱的，基本上能占到整场直播销售额的60%以上。假设一场直播准备了20款产品，至少有10~13款产品的价格在9.9~99元之间。另外一种是高端产品，因为有一些粉丝还是有消费能力的，他们需要一些更加高端的产品。这个类别的产品是专门为他们准备的，至于设定多少份的话，要看数据反馈。比如先上架500份，如果很快被抢购一空的话，可以再增加500份。如果500份都很难卖完的话，这个产品组合就要很快过，把精力放在那些好卖，粉丝接受度比较高的产品上，这个是至关重要的。主播在带货的过程中，要把精力放在好卖的产品上，如果发现某款产品卖得特别好，就可以增加库存，多卖一些。我曾经参与过一场销售额3000万元的美妆直播，这场直播，直播间只有10万人。我们有一款69元的产品，本来计划卖2000份，但是发现2000份不到10秒钟就卖完了。然后就安排主播和粉丝互动，大家还想不想要，很多粉丝在评论区留言想要。然后又增加了2000份，不到30秒，又卖完了。主播又问粉丝想不想要，还是很多人想要，就又增加了 2000 份，也是很快卖完了。就用这样的策略，最终这个 69 的产品，卖了 10000 份。也就是直播间有十分之一的人都购买了这款产品。当然，如果你一开始就上架 10000 份的话，估计连 3000 份都卖不到。所以在一场直播过程中，主播的话术和策略非常的重要，要让消费者觉得，不买就买不到了，买到就是赚到了。事实上，美妆产品的利润是非常之高的。所以，一场 3000 万销售额的直播，利润也是非常的可观。

其次是选择的产品要有可展示性，优先选择在直播间可以很好地展示外观、使用方法或者效果的产品，对产品的展示手法可以参考线下展示。比如有一个卖牙膏的主播，她用一个黑色的卡纸，把那个牙膏往上面一抹，就像一个夜空一样。直播间的所有的观众都惊叹了，这个产品马上就卖疯掉了。我们的产品，在什么样的角度，用什么样的灯光，怎么摆放能够展示出它最漂亮的一面，又或者说，用什么样的试验能够体现出产品的优势和独特的卖点。

比如说，你是卖机器设备的，那它可能就要很容易折叠，或者一下子就能启动，很快就能投入使用，当你把这些独特的产品特性，在直播间展示出来的时候，观众就能很直观地了解这个产品，然后做出购买的决定。当然你这个产品，要比线下门店便宜，价格是非常重要的一个因素。所以我们一定要考虑，选择的产品是否能很好地展示出一些优势，让消费者得到视觉上的享受，一看就想买。而不是说，我们要费很大的功夫，运用很多的话术和技巧才能让观众下单购买。视觉体验对于直播间的产品销售是非常关键的，要能够让观众体验到产品的好处或者能给他们带来的方便。比如你卖一款蛋肠机，你花再多的时间去介绍蛋肠机，都不如亲自做一个鸡蛋肠。当你把做出的香喷喷的鸡蛋肠拿在手上，吃到嘴里的时候，很多观众就会忍不住流口水。这个时候，你再给出一个特别优惠的价格，大部分的人都会抵挡不住这个优惠，进行购买的。

我们以前帮一个品牌，做一个减肥的饮料，他的减肥饮料有个特征，就是比较吸油。我们怎么做的呢，就是每次直播的时候，都会放一个杯子，然后里面放满油。用我们这个减肥饮料可以把油全部吸掉，消费者一看，觉得这个产品的确是很厉害啊，视觉冲击力非常大。当我们卖一个闪粉的时候，会把灯关掉，主播把闪粉抹在脸上，左右扭动她的头部，很漂亮。所以可展示性非常重要，要能通过直播间展示，把产品的独特功能或者卖点展示出来。

最后是场景的适用性，要针对消费者经常遇到的场景选品，尤其是初期必须选择面向较大人群的产品，避免直播间流量的浪费。我们卖一个产品给消费者，如果商家只是指望开个直播，坐在那里和观众聊天，而忽视产品最后是要卖给消费者的。那么很大概率，消费者是不会跟我们有共鸣的。在直播间，其实是一个很好地跟消费者直接沟通的机会。我们可以了解到消费者对于这款产品的看法，以及有哪些顾虑，价格是否合适，等等。如果仅仅通过短视频，是没有办法和粉丝及时互动和解决他们疑惑的。但是在直播间，我们可以清楚地了解粉丝画像，知道他们平常生活中有怎么样的场景。当我们把这些场景通过直播间进行适当的布局，通过我们的话术，通过我们的描述重新出来的时候，消费者就能更加体会到，买了你这个产品能够很好地解决他日常生活中的问题。

要记住一点，客户买的从来不是产品本身，而是解决问题的方案。比如客户今天买面膜或者神仙水，他们是想要让自己皮肤变得更好，更年轻，更爽滑。如果你有另外的产品能够让他们变得更美丽，消费者也会埋单的。所以你在直播的时候，要多去描述产品能够给客户带来的好处，使用之后的效果。比如产品的成分，明星同款，知名化妆师设计等，这些都是用来衬托产品能够给客户带来的好处的。

在直播间卖货，要选择一些大众产品，就是每个人都有可能买的产品，因为来你直播间的人并不一定非常的精准，系统没有办法做到百分之百精准推送。所以你的产品适用性越广泛、越好卖。就算你的产品价格很便宜，但是如果大部分的观众都不需要，那你也是卖不出去的，所以要卖一些适用性比较广泛的产品。如果一场美妆类的直播，就可以准备一些面膜，神仙水，口红等。这些类型的产品，每个女生都会用到，而且没有季节性的限制，只要价格便宜，产品质量好，很容易让粉丝下单购买。

第三节　维度三：直播带货成功因素——产品布局

产品布局是指直播间从价格以及款型两个角度，需要合理分配产品以及支持售卖，线下零售的销售心理学理论仍然适用于直播间。我们说到产品的一个布局，并不是每个产品并列摆在那里。

这里我们主要是考虑两个点：

第一，价格的布局，我们的产品可能70%是中间价位的，消费者不会觉得特别贵。当然也不是说亏本卖，我们主要的利润就是来自于这70%的产品售卖。然后10%的产品，是那种非常大优惠的产品，让观众疯抢，不买就后悔的那种。非常大的优惠，就是让消费者觉得优惠力度很大，性价比很高。另外，还有20%的高价值的顶级的产品，这个类型的产品，一般我们不会指望它走太大的销量。但是假如是品牌方，需要有这个类型的产品来提升企业的形象，展示企业的实力。让消费者知道，我们这个品牌是非常有品质的，我们能够做出令消费者惊叹的产品。不然，消费者会认为你只是生产低端产品的商家，不是很信任你的产品的品质。

另外，可以反衬我们70%的中间价位的商品。营销学上有这样一种现象，当有三个价位的商品摆在消费者面前时，大部分的人都会选择一个中间价位的。为什么呢？因为贵的，不愿意花那么多钱买，便宜的呢，又有点看不上，所以就选择一个中间价位的吧。这是消费者的心里，我们在设计产品组合的时候，一定要设置，高中低档三个价位，让消费者有选择的余地。当然，我们并不希望所有的消费者都去买低价位的商品。因为低价位的商品，我们不赚钱，甚至是亏钱的。所以，低价位的商品，我们会控制多少份。比如500份或者1000份，抢完就没了。这样的话，那些抢到的人会很开心，认为占到了便宜。没抢到的人，在下一个商品开抢时，也会更加积极地去抢。我们的销售重心是放在中间价位的商品上，那是我们主要的利润来源。低价位商品和高价位商品都是为中间价位的商品做铺垫和陪衬的，所以我们在产品的价格布局上一定要布局好。不同价位的产品，有着不同的目的，这一点要很清楚。主播在直播的过程中，重心放在哪里也要准备好，这样才能让正常直播比较顺利地进行。

第二，产品的款式布局，我们的款式和价格可能并是不完全捆绑在一起的。要准备一些产品，不管消费者什么时候进来直播间，都可以买，都会买的。这样的产品，我们称之为常青款。直播间至少应该有50%的产品是常青款，20%的高流量款不太需要推荐但是能提供直播间的亮点。新款产品30%，是主打产品，要保证高流量曝光，同时店铺也要根据实际情况来灵活调整比例。高流量的产品利润不一定高，但是能够带动直播间的流量，所以还得保留这些产品。

常青款的目的是，无论什么类型的消费者，什么季节来到直播间，都有他们需要的产品可以买。如果一个消费者来到你的直播间，但是却没有他们需要的东西，那他很快就会走掉了。高流量款产品的目的是吸引流量，也就是给直播间拉人气，这个类型的产品基本上不赚钱，但是整个直播间的人都是它带来的。新款产品是我们的主打产品，也是利润的主要来源。所以大家知道了不同款式产品的作用，就知道应该如何进行产品的款式布局了。三种类型的产品要进行合理的搭配，根据店铺的实际情况来进行灵活的调整。

第四节 维度四：直播带货成功因素——团队人员安排和硬件支持

直播间的人员安排主要有主播、副播、运营、场控、助理、嘉宾等，主播主要是负责介绍产品、与粉丝进行互动，副播主要是提供话题讨论、或者提供垂直领域的知识与经验。场控主要是准备样品、调试设备灯光、及软件后台操作、互动气氛引导与数据检测记录。运营主要的职责是策划直播玩法，协调主播和直播团队、商家，平台活动提报，复盘提升等。

硬件方面，网络一定要流畅，要准备两台手机和充电宝，还有题词电视、机位支架，灯光、场控电脑、货品库也要准备好。

主播的角色，一定要定位清楚，主播不是网红，而是一个导购。很多人把带货主播定义为网红，这是错误的。网红主播是需要进行才艺表演的，而带货主播的主要作用是向大家介绍产品，引导观众购买产品，不是进行才艺表演。主播与运营、场控的组合是店铺直播的核心团队，高质量的团队才能执行高质量的带货直播。主播的价值主要是打消观众的疑虑，创作想象空间。主播要洞察消费者购物的动机与障碍，从动机引导美好的联想，让消费者了解购买之后生活会带来多少便利与好处，围绕障碍提供解决方案，颜值不是第一考虑的。

作为公司或者店铺，应如何培养主播呢？不要老想着把主播培养成网红，要制定培养标准，不依赖个人爆发。直播是店铺长期要使用的工具，直播间更加是品牌自己的资产，制定执行标准可以避免人员风险，随时做好主播休假/离职的备选方案。培养一名网红是非常困难的，需要天时、地利、人和。但是，当你把带货直播的标准和流程以及话术文案制定出来的时候，随便一名员工都可以进行直播。这个时候，店铺不会被某一个主播套牢。因为直播间和流量掌握在公司的手上，当一个主播请假了，另外一个人可以马上替补。所以在店铺进行直播运营的时候，要多强化公司和品牌形象，这样在换主播的时候，产品销售不会受太大的影响。

第五节　维度五：直播带货成功因素——直播带货脚本的三段式结构

接下来，简单讲下直播话术脚本的设计，很多的主播在刚开始直播的时候，不知道怎么讲，不知道如何介绍产品，不知道如何把产品卖出去。甚至有的主播就是在那里和粉丝聊天，聊得很深，介绍产品的时间反而很少。其实直播带货，就是卖产品，要以介绍产品为主，把产品的独特卖点和能给消费者带来的好处讲清楚，让观众清楚明白地知道，产品能够解决他们的什么问题。

在设计直播脚本的时候，需要基于以下几点进行分析。

产品端口分析，基于自身产品列举卖点，并了解消费者对于品类往往有什么疑问或者评估标准。信息来源包括搜索引擎、其他社交平台、电商关键词等。就是要把产品的独特卖点提炼出来，也就是能够特别吸引消费者的亮点。比如产品的成分、功效、包装设计，等等。就是说，我们要去进行竞品分析，了解市面上同类型的产品有多少种，各自市场份额是多少，我们的机会在哪里？

我们的产品和竞争对手的产品相比，有哪些优势和突出的卖点。客户在使用市面上其他公司的产品的时候的痛点有哪些？我们的产品能解决客户的什么问题？比如你是卖一款扫地机器人，你就要分析市面上有多少种扫地机器人品牌。去社交平台或者购物网站寻找，客户对他们产品的反馈或者吐槽，你的产品是否存在类似的问题，等等。在进行产品端口分析的时候，一定要把能够吸引客户下单购买的独特卖点找出来。比如可能是性价比高，智能化程度高，或者是能够更清晰地捕捉更多环境信息，实现实时定位与路径规划，或者电量不足先返回充电，也能记得自己清扫的进度和位置，充电完成后回到原来停下来的位置继续清扫，完全做到不重复、不漏扫，且全程无须人工干预。这些都是可以提炼的独特卖点，独特卖点就是，你的产品有而其他产品没有的卖点。

切记，不要一味地打价格战，低价并不是一个最好的策略，还是要回归产品本身，好的东西，价格一定贵，这是毋庸置疑的。

消费者端口分析，通过品类的关注人群或者店铺进店人群分析，了解我们面对的消费者画像，信息来源包括搜索指数与社区论坛等。我们可以通过分析粉丝和客户的用户画像，来了解他们的兴趣爱好，需求以及消费能力和购买习惯。如果我们的粉丝主要是一二线的白领男性，那么这个群体是比较偏理性的消费者。我们在设计话术的时候，就要从产品的成分和参数进行分析，引导客户进行一个理性的思考和对比，从而认可我们的产品，做出购买决定。如果我们的粉丝主要是五线、六线城市的女性，这个时候就要突出产品的性价比了，因为价格是她们考虑的主要因素。

场景构建，结合产品与消费者的信息，营造几个常见的场景。例如，上班族回家不想动手做饭，或一家人自驾游想有个亲子互动的玩具，或宝宝经常挑食等，这些场景是品牌跟消费者沟通的重要工具。就是说，主播在介绍一款产品的时候，一定要引入到一个场景中，把消费者带入到这个场景中。让消费者觉得，他们确实需要这个产品，最终做出一个购买的决定。

比如说卖一款电动牙刷，主播就要把大家带入到一个场景中来，什么样的场景呢？就是普通牙刷刷完牙，并不能真正地把牙齿刷干净，很多污垢还留在口腔里面。甚至很多人并不会正确地刷牙，刷牙的正确方式没有掌握。传统的牙刷受多种因素的影响，很难彻底清除牙齿上的牙菌斑，再加上刷牙的时候方法不得当，会使刷牙的清洁作用受到影响，这个时候你会说一款电动牙刷的好处，电动牙刷利用旋转和震动的作用，可以清除掉比手动牙刷多38%的牙菌斑，能够起到更好地清洁牙齿的效果。

一些小伙伴总是会碰见刷牙出血的状况，是因为一些不正确的刷牙方式导致我们的口腔牙龈受损而出现的。另外则是因为传统的牙刷设计的问题，或是用户在使用牙刷的时候没有挑选软毛刷而对牙龈造成了一定的损伤，电动牙刷的刷牙方式则不一样。电动牙刷的设计优势就是可以减少我们刷牙过程中刷牙力度大、拉锯式刷牙等不正确的方式对牙齿及牙龈以及整个口腔造成损伤情况。高频率以及低力度的方式一方面是更高的清洁力度，另一方面则是能够减少牙齿、牙龈损伤，也是经过有效的科学实验证明的。电动牙刷减少六成刷牙力度，可以改善我们牙龈出血、发炎的状况。

刷牙是一件简单的事情，但是同时也是一件需要去提高质量的小事。我们在使用普通牙刷的时候总是会因为一些或多或少的事而让牙刷变得很慢。选用电动牙刷的话就不会出现这种情况。电动牙刷因为采用人工智能设计，而且有规定的时间和提醒。相比之下传统牙刷不能减少一些用户的因为日常饮食不当或是口腔状况差而出现的牙渍，而电动牙刷就可以。它能够在慢慢的整个刷牙过程中高效智能地去除牙渍，帮助牙齿恢复色泽。日积月累的使用正常的刷牙设备以及刷牙方式，在高效的刷牙过程中还你洁白牙齿。

通过这些场景的引入，消费者会开始意识到，确实是这样。原来自己并没有掌握正确的刷牙方式，并没有真正地把牙齿刷干净。使用电动牙刷确实很方便，很有乐趣等。当他们进入到这种场景中来时，很容易产生购买行为。

最后要基于上述的场景，进行直播脚本设计，主要是针对消费者的利益以及利益证言部分进行设计。脚本的一个基本结构是三段式模型，通过消费者遇到的场景引发兴趣，一步步推动消费者购买下单，下面是直播脚本三段式结构的具体实施模型。

激发需求—脚本SCQA，用消费者确信的场景与冲突引发思考，制造或者发现冲突，能够激发消费者的需求。要学会趋势捕捉，保持对目标消费者生活形态的关注。例如，隔离是否增加了在家用餐的需求，去海边旅游是否应该准备一款好用的防晒霜，最近皮肤状态不好是否要使用一款补水功能更强的面膜，睡眠不好是否应该吃一些有助于睡眠的辅食，想减肥的朋友是否要吃一些无糖饼干，等等。

S：场景

描述一个消费者经常遇到而且几乎一定会认同的场景，如节日出门要化个漂亮的淡妆，如经常加班皮肤不好，如经常熬夜对身体不好，如出席重要场合要注意着装礼仪，等等。这些场景都是消费者生活中经常遇到，而且会非常认同的。当你描述这些场景的时候，会把消费者带入到这个情境中来。

C：冲突

描述消费者在前述场景中的冲突。例如，想要房子很干净但是拖地好累好烦，想在家里煮饭但是厨艺不精，出席重要场合要注意着装礼仪但是不知道怎么服装搭配，皮肤不好需要用什么化妆品，等等。这些冲突会让消费者希望通过购买某些产品来解决，不然他们就会很痛苦。就是通过描述消费者在前述场景中的冲突，来激发他们的心理痛苦，从而迫使他们寻求解决方案作出改变。心理学上有个理论，能够让人快速作出改变有两种方法，第一种方法就是激发他们的痛苦，第二种方法是激发他们对快乐和美好生活的渴望。当你抓住这两个点的时候，直播带货就会变得比较容易。很可能，像李佳琦一样，一句买买买，很多人就疯抢了。

Q：提出问题

提出问题，引导消费者从对疑难的思考转向对答案的寻找，然后引入我们的答案，也就是推荐的产品。人是一种指令性群体，是需要进行引导的。很多时候，消费者并不知道自己需要什么。特别是直播间，观众并没有明确的购物需求。主播需要通过提出问题，激发消费者的痛点，然后引导他们寻找解决方案，最后引入我们的产品。

A：问题解答

提出我们推荐的产品能够解决消费者遇到的困扰，消费者最终购买产品的目的，是解决生活中的问题。主播要从这个角度，多去讲解产品本身能够帮助到消费者的地方。再通过产品独特卖点的解说，与竞争对手产品的比较，给出一个巨大的折扣，加上超值的赠品组合，以及限量抢购等，引发观众下单购买。

在直播间卖东西和在网店卖货是有本质不同的，网店卖货，消费者会通过搜索来到你的店铺，他们是有明确的需求的，目的性很强。比如我今天要买一双运动鞋，我就会去京东或者淘宝去搜索运动鞋，然后去不同的店铺比较，价格，客户评价，发货时间，是否是品牌等之类的。但是用户来到你的直播间，他是并没有明确的需求的。所以这个时候，作为一名主播，要学会激发用户的需求。让直播间的客户意识到，他在日常生活中是需要这个产品的，而且以后也碰不到这么好的产品和这么低的价格，让他不买就后悔。如果不能够激发用户的需求，你的产品再好，价格再便宜，用户也不会下单购买。因为他不需要，就算1块钱，他也不会买的。

举个例子，比如你卖一款女士口红，而你的直播间有很多男性粉丝，如果你单纯地讲口红有多好，价格多实惠，这个是没办法激发男性粉丝的购买欲望的。应该怎么讲呢？要讲男士买了这款口红可以干什么，解决哪些问题。比如对于已婚的男性，可以买来送给老婆，制造一个小惊喜，很多男性很久没有送过礼物给老婆了。当听到这句话，就会认为说，是应该买个礼物关心一下老婆了。这个时候，主播要用一些话术，激发他们买礼物送给老婆的欲望。这个是很容易做到的，比如作为一个男人背后的女人是多么的不容易，又要上班，又要勤俭持家，还要照顾老人，等等。我见过一个女主播，讲着讲着把很多直播间男粉丝给讲哭了，然后那款产品卖得特别好，直播间15%的男性都买了那个产品。对于还在热恋期的男生，应该怎么讲呢？可以说女生有多爱这款口红，当女孩子收到这份礼物的时候，会多么的激动，再加上专柜价很贵，现在是一个很大的折扣，意思就是花很少的钱，就能俘获女孩的芳心。对于男生来说，是不懂女性的化妆品口红之类的，这里主要讲能够给他带来的好处，和能帮他解决的问题就行。很明显，女生收到这款口红，会很开心，会增进两个人之间的感情。通过这种话术，很多男性朋友的购物需求就被激发出来了。

FABE销售法则，使用渐进式的产品介绍，让消费者从外到内地认识商品，认识到商品能够为生活带来怎样的改善。通过与竞争对手的对比，提炼出自家产品的独特卖点矩阵，并匹配消费者画像使用。

F：基本属性

产品的材料、工艺、设计、技术指标等基本属性，如苏泊尔的钛金钢耐磨环，格力的一级变频，OPPO手机的智能驾驶模式和三指截屏，珀莱雅爽肤水的不含一滴陆地水，等等。主播要把产品的基本属性展示出来，让消费者充分了解产品的构成。比如一件衣服，它的面料，裁剪，设计，时尚风格，颜色搭配，主播通过这些产品基本属性的描述，可以让观众感受到产品的质量确实不错，同时也更加认可主播的专业能力。如果一个直播只是一味地说产品好，但是说不出好在哪里，没有说服力，消费者也不会埋单。

A：产品优势

比竞争对手优越的地方。例如，一个奶瓶是否更加耐磨，是否更加防滑，设计是否更加便于握持。一个智能水杯：是否具有异物预警功能，当水杯中落入可溶解性异物时，水杯即时发出预警，能否检测杯中水质PPM(一升水中含有多少杂质)值；能否根据个人身体状况科学地计算人体每天所需饮水量；能否在水杯丢失后定位追踪，帮助你快速找回水杯；能否搭配TFT真彩屏，饮水的各项数据会实时显示在彩屏上，手势操控，离开手机APP同样可以体验。这些就是产品的优势和独特卖点，一定要找那种自己的产品具备而竞争对手的产品不具备的独特优势。如果一个功能是产品标配，就不需要讲出来了，讲那种自己产品独有的，而且特别实用的功能。

B：消费者利益

对消费者的利益和能够给他们带来的好处。例如，使用了扫地机器人能每天省下两小时的闲暇时间，炒菜机能让不善烹饪的女孩子也能煮出好吃的饭菜，使用自动刷鞋机可以又省时间又把鞋刷得更干净，电视盒子能够把一台普通的电视机变成超强功能的网络电视，智能床头灯可以语音控制灯光开关和灯光颜色，等等。这些都是产品能够带给消费者的切实利益，有的是节省了时间，有的是解放了双手，有的是提升了生活品质，有的增加了趣味，有的是让我们的家庭更安全，等等。

E：利益证言

通过实验或者名人背书，验证产品的利益真实可信。例如，彩妆KOL经常现场演示快速化妆，破壁机演示3分钟营销早餐，网红蛋肠机7分钟自动出炉香喷喷鸡蛋肉肠，某款眼霜哪些明星也在用，某个精华液是知名美妆师设计研发，等等。通过在直播间直接展示产品使用效果来增强产品的说服力，让观众切身感受到产品的好用和功效，再加上名人背书、明星同款等来提升产品的品牌形象，产品又有名气，又好用，价格又便宜，很多观众就会忍不住下单购买。

一般在直播间，给到一款产品的时间是5~10分钟。就是在这几分钟的时间里面，主播要完成产品的介绍，稀缺性和紧迫感的制造，引导观众下单购买等。在介绍产品的时候，要从外到内通过不同的维度让消费者认识商品。比如商品的成分、产地、工艺、价格等，要把竞争对手产品不具备的独特卖点提炼出来，让消费者感知到。每一款产品都有它独特的卖点，就看你怎么提炼。比如一款爽肤水，可以从保湿性能，原液比例，明星同款，知名美妆师研发，低温发酵技术等来提炼与众不同的卖点。另外一个最主要的就是，商品能够为消费者的生活带来什么样的改善。需要明确知道的是，消费者买的不是产品本身，而是解决方案。买爽肤水的女性，目的是让皮肤可以更加润滑，自己变得更加美丽漂亮，变得更年轻，在朋友圈子里更出众。主播在介绍产品的时候，要能让消费者感知到产品可以帮他们解决这些需求，能够改善他们的肌肤，让他们更有气质等，这样消费者才会下单购。主播需要引导消费者进行感性消费，而非理性思考，这是在直播的时候，需要特别注意的。

借助各种促销方式，像限时、饥饿、买赠、折扣推动决策，激发观众的购物情绪，推动消费者尽快在直播间下单付款完成交易。要对全平台电商保持关注，补充新增的有效促销手法，保持消费者的新鲜感。促销方式并不是一成不变的，当一个策略大家都在用的时候，消费者可能就有免疫力了。所以要不断变更营销玩法，让消费者感知新鲜感，从而提升直播间带货转化率。

像饥饿营销是一个非常好用的策略，现在很多主播都在用，效果确实很不错。但是慢慢地，消费者就不相信了。比如这款产品只卖1000份，然后很多主播发现1000份很快卖完了，就会再增加1000份。消费者意识到，其实根本没有限量，随时都能买。这样，很多消费者就不再进行抢购了，又回归了一个理性思考。产品到底怎么样，自己是否需要这个产品，价格是否真的便宜，等等。

　　赠品营销是一个长盛不衰的营销策略，就是买一个产品，可以得到一堆的赠品，对消费者是一个巨大的视觉冲击。很多时候，赠品的价值远远超过了产品本身，消费者会认为占到了便宜。记得有一个直播间，在卖一款精华液的时候，赠品是一张价值6999元的三天两夜的游艇门票。看到这个赠品，很多人就疯了，觉得太超值了。可能很多人都还没有坐过邮轮，有这么好的机会，肯定要抢啊。那这个赠品，对商家来说，其实没有多少成本和风险的。首先拿到邮轮门票的人，只有一部分人会去坐这个游艇。其次，在游艇上面，他们也会有更高端的产品组合卖给消费者的。但是不得不说，这个游艇门票的赠品是超级具有诱惑力的，很多原本不需要这个精华液的观众，也都是为要抢这个游艇门票而去埋单的。

　　需要记住一点，当一个营销策略或者促销方式，大家都在用的时候，消费者就会产生免疫力，不相信了。所以需要对全平台电商保持关注，及时补充新增有效促销手法。可以多去学习一些销售心理学的知识，多去分析消费者的心理和诉求，多去了解客户的消费行为。当你充分了解你的客户，知道他们的诉求和生活中遇到的问题，你再利用你的产品给出解决方案，这个时候是很容易把产品卖掉的。

第六节　维度六：直播带货成功因素——常见问题解决

　　主播与消费者无互动，在直播间启动初期可能缺乏互动。可以由场控人员在直播间主动提问，提出一些跟消费者日常生活密切相关的场景问题，让直播间互动起来，促进其他消费者也提出问题。在偏向专业风格的直播间，还可以由副博、嘉宾提出一个话题，通过话题的讨论带产品信息。直播间的互动非常重要，一方面，直播间越活跃，可能自然流量越大；另一方面，直播间气氛越好，粉丝留存率越高。如果一个直播间很冷，都是主播在那里干巴巴地讲，可能很多观众很快就离开了。我们肯定希望，观众停留的时间越长越好。所以通过主播与观众的互动，增加粉丝的黏性，提升直播间的活跃度。这样在介绍产品带货的时候，转化率也会好一些。

主播无法对准镜头讲话，这种情况往往是缺乏场控以及提词板导致的，认证蓝 V 企业号的直播不建议减省如提词板、手机支架等硬件，要让主播保持良好的讲解姿势。主播讲话的时候要确保对准镜头，不然粉丝的观看体验会比较糟糕，声音要比较清楚，手机设备也要配置高一些，不然长时间直播会卡顿。提词板是一定要准备的，要确保主播讲话的时候，比较流畅，不能是结结巴巴的。

主播忘记话术，很多时候在直播的时候，主播由于太紧张或者太累了，会忘记话术，这个是要避免出现的。电商直播不是电视直销的照搬，直播更重视临场的交互，要避免一字一句地背诵话术。让主播牢记核心卖点信息即可，其他的自由临场发挥。其次场控也需要准备好提词的素材进行提示辅助，当主播忘词的时候，让助理及时提醒。

产品时间分配不均匀，在一场直播带货中，每一款产品分配多长时间，都是事先安排好的，介绍顺序也都是提前拟定好的。在直播之前，主播会拿到一张表格，上面清楚地列明了，直播过程中产品介绍的顺序，每一款产品的时长，以及限购数量等。这张表一般是运营根据粉丝画像和消费者的观看习惯来精心设计的，哪个时间段卖哪个产品，转化率比较高，用户反馈较好，这都是依据数据反馈来优化出来的。主播尽量按照产品介绍时间表来进行直播，如果主播没有把控好时间，介绍某一款产品的时候，超时了或者时间太短了，助理或者场控要及时的提醒，确保整场直播能顺畅地进行下去。比如一场直播原定 3 小时，有的主播比较拖拉，可能会用 4 小时才能把整场直播播完。并不是时间越长越好，大部分的消费者都不会花4小时全程看完整场直播的。所以，产品时间分配这里需要特别注意，尽量在规定的时间内完成产品的介绍和售卖。

主播在直播的过程中，不要讲敏感词，严禁使用极词用语，像国家级、世界级、最先进、第一品牌、独家、全网第一；严禁使用国家××领导人推荐、国家××机关推荐、国家××机关专供等；严禁使用质量免检、无须国家质量检测、免抽检等宣传质量无须检测的话语；严禁使用绝对值、绝对、大牌、精确、超赚、领到品牌、领先上市、巨量、著名、奢侈、世界大品牌之一等无法考证的词语。

直播环境不要太随意了，当我们在做直播的时候，我们的直播环境尽量与我们的产品有一定的联系，这样可以更好地加深产品在用户心里的印象，从而提高转化率，促使用户下单，比方说卖水果的，直播环境可以选择在种植现场，卖海鲜的可以将直播地点选在海边，渔港、海鲜市场这样有说服力的环境，卖化妆品一般可以选择在化妆台这样的场景，卖服装，鞋子，可以选择在仓库，工作室这样的环境中，这些都是不错的选择。

本章主要从电商直播的本质、如何选品、如何进行产品布局、直播团队成员配置、直播脚本设计、直播带货常见问题六个维度给大家进行了直播电商全链路解析。当你了解了电商直播的本质之后，才能懂得如何进行直播布局，自己的机会在哪里，是否值得花重金投入这个事情；选品对于电商直播来说尤为重要，根据粉丝画像选择符合他们消费能力和兴趣的产品，可以极大地提升直播间的带货转化率；产品布局也很关键，首先是产品价格的搭配，不同的时间段卖不同价格的产品，高、中、低档产品相配合。

然后是产品摆放的布局，也是很有讲究的，一场带货直播能否成功，往往是由这些细节来决定的。直播团队成员配置，一场直播不是一个主播就能完成的，它的背后是需要一个高效成熟的团队配合的，运营需要制定推广策略，直播脚本设计，数据复盘分析，场控需要负责直播设备的调试以及硬件支持，助理负责活跃直播间的气氛以及帮助主播做一些琐碎的事情，客服负责及时回答粉丝的私信和问题等。直播脚本设计也很重要，这个需要运营根据市场反馈和消费者数据挖掘进行精心设计，不同的产品需要不同的介绍脚本，如何进行产品稀缺性和紧迫感的设计，如何进行赠品营销，哪个时间段卖哪个产品，这些都需要运营根据方法论来进行设计。最后是直播带货过程中，经常会遇到的问题以及解决方案。

希望大家看了本章的内容后，能对直播带货有一个全新的认识，对每一个步骤做到心中有数，在今后的运营过程中能够比较快地走向正轨。

PART TWO

进阶篇

第六章

如何写出爆款视频文案

短视频文案对于直播带货是非常重要的，短视频能否上热门，直接决定了直播间的人气多少。当你有一个视频上了大热门，获得了一个几百万甚至上千万播放量的时候，再去开直播，直播间人气肯定不会差。很多的主播都在为直播间人少而苦恼，不知道怎么才能吸引人到直播间。其实短视频，是一个很好的吸引人气的渠道。通常一些名气大的主播，在开直播前都会发布一个直播预告视频，告诉观众直播的开始时间，以及直播的相关活动信息等。视频能否上热门，很大程度上取决于短视频的文案质量，文案对于短视频和直播是非常重要的。本章会从多个方面来讲解，如何写出爆款视频文案。

第一节　爆款视频文案写作的方法论

我们从理论、基本套路，实操训练三个层面，来进行系统化的讲解。理论是底层逻辑，基本套路是方法，实操训练是提升文案写作能力的手段。这三点，就是我们这个章节的三个主要部分。

先说理论的部分，关于内容的本质。生意导向的内容，必须是功能型内容，而不是消遣型内容。所以，我们接下来在探讨内容的时候，都是在功能型内容的范畴中展开的。

什么是消遣型内容呢？就是类似搞笑、娱乐、情感类的视频，让大家看了可以放松心情、打发无聊的时间。这个类型的视频吸引的粉丝是泛粉丝，没有明确的兴趣爱好，也没有统一的标签，比较杂。直播的时候，观众购买力低，带货转化率比较差。

什么是功能型内容呢？就是用户看完这个视频，可以学到某个知识或者某项技能。比如一个教你如何做出回锅肉的视频，当你看完视频后可以学会做出色香味俱全的红烧肉；一个教你鱼刺卡喉怎么办的视频，你就知道真的鱼翅卡喉的时候，应该怎么处理；一个教你穿衣搭配的视频，可以让你知道如何穿搭可以更漂亮或者更有气质。类似这种类型的内容，就是功能型内容。

基于这个点，我想给大家一个非常重要的建议，就是要减少我们日常刷抖音的时候看消遣型内容的数量。如果你已经关注了很多消遣型内容账号，建议取消。看到消遣型内容，通过长按选择不感兴趣，从而让我们每一次刷抖音，都变成一个有目的的研究的过程。

关于内容，我们首先要能够回答三个问题：①什么是内容？②内容的本质是什么？③内容存在的价值是什么？

经常有人问我，为什么我的内容播放量很小，经常不过百？我看完他们发的视频后会反问一个问题，你确定自己发的是内容吗？估计对方听完我的反问，更迷茫了。

但这个问题确实很关键。不是我们拍了一条视频，它就是一条内容。视频只是个形式而已。就像能够直立行走的哺乳动物也未必就是人一样。我们判断一个视频、一句话，是不是内容，就一定有它的客观标准。

我的看法是，内容的必备要素是信息。信息是传播学中的一个词。而信息的本质是认知差。什么是认知差呢？

认知差，就是我知道的，你不知道。你知道得多，我知道得少。能够解决认知差的东西，就是信息。

这里面还有一个点。当我们在讲认知差的时候，会发现沟通双方并不是对等的关系。如果对方没有认知的意愿，即使这事大家知道的不一样，认知差也是不存在的。很多事情，父母讲得都对，但是我们听不进去，不想听，这个时候我们就不会觉得父母向我们传递了信息。

一条视频能否被称为好的内容，就要看这条视频中传递的信息，其他人是否有需求，是否是有认知差。如果我们只是重复了一些套话空话，或者讲了一个大家并不关注的点，其实这条视频就是没有信息的，流量很差也就是一个再正常不过的事情了。

所以，内容高手的核心能力，就是判断认知差的能力。大家都知道曾经的公众号第一大V咪蒙，为什么她的文章在10秒之内就可以破10万+。就是因为他们的选题能力很强。咪蒙的团队，在选题上花的精力是最多的。每篇文章都是从50个备选选题中精选出来的。

我们看到很多动辄几十万几百万粉丝的抖音号，很多内容的点赞量只有一两百，也就是说，大部分人对内容的标准，其实是缺乏理解的。

好，我们继续讲解第二个问题。内容的本质是什么？

我的理解，内容的本质是服务。当我们传递一个信息给用户的时候，其实是在服务他。我们为什么在装修的时候，要去看穿拖鞋的猫爷，因为他提供了服务。原本，我们需要花很多时间去搜集资料，去请教他人才能解决的问题，猫爷通过一个视频告诉我们，这就是服务。

有一句关于销售的金科玉律是，我们在卖产品之前，卖的是服务，卖服务之前，卖的是人品。也就是说，让用户认可我们的服务，是销售发生的重要前提。

而服务，同样是一个不对等的评判关系。服务好不好，不是由服务的提供者来做判断，而是服务的接受者来做判断。用一个更具象的词来评价服务，就是用户体验。

之前马云讲过一个故事，用来说明服务和体验的关系。我们去一些高端餐厅吃饭，门口迎宾会说欢迎光临。但是，等坐下来要点餐的时候，却半天看不到服务员。

从餐厅也就是服务提供者的立场而言，迎宾在家门口高呼欢迎光临，是一种服务。但是，对于用餐者而言，坐下来的时候，可能已经很饿了，却半天看不到菜单。这个时候，即使门口迎宾的姑娘再漂亮，欢迎光临的语调再亲切，用餐者也不会觉得这个餐厅的服务是好的。

所以，我们在考虑提供服务的时候，就要以终为始，从体验的角度来构建服务。我们在做产品的时候，有一个重要的工具来优化用户体验，叫作用户体验地图。就是根据用户的路径，在每一个环节每一个细节上，去研究用户的需求和情绪变化，为用户创造超出预期的体验。

因为，对于服务而言，我们做到99分，对于用户体验来说，就是-1分。只有超出用户期待的部分，才是有助于用户体验提升。

为了获取加分项，在用户体验设计中，有两个关键点，一个是峰值体验，一个是终值体验。

所谓峰值体验，就是那个让我们特别爽的点。去海底捞吃火锅，如果你是一个人去，服务员会给送一只熊陪着你吃。海底捞的拉面小哥，会努力挥舞着面条跟你互动。过生日的时候，海底捞的员工会一帮人过来高声给你唱生日歌。这些都是峰值体验。

而所谓终值体验，就是结束的时候，用户的体验。我们离开海底捞的时候，经常会收到海底捞小姐姐送的水果、瓜子等作为礼物，并且送我们到电梯口，等看着我们进了电梯，才会离开，这就是终值体验。

对于内容来说，峰值体验就是与用户达到共鸣的那个点，而终值体验就是结尾。很多视频在结尾的时候，都会说请大家双击，关注之类的。很明显，这种做法是没有意义的。

也就是说，内容生产的核心是要在用户的意料之外去创造价值。除此之外，还需要注意的是，我们要尽可能地保证提供给用户的是一个持续的确定体验。对于用户运营来说，只有长期的持续跟用户保持信任关系，才有可能从弱关系升级为强关系。

说到这，我们会发现，长期为用户在一个领域内输出超出期待的内容，仅仅靠之前的积累和三分钟热潮是不够的。如果我们在这个领域内的成长速度，赶不上用户的成长速度，一定会被用户抛弃。这就是我们所说的，做抖音需要我们找到自己真正的爱好，然后在这个领域中持续学习和钻研。

内容的价值是什么？

内容的价值，在于解决焦虑。什么是焦虑？当我们在某方面的需求，长期得不到满足的时候，就会焦虑。

家里的WIFI信号一直不好，通过知乎、百度都找不到答案，打游戏的时候经常因为网速被队友骂，这就是焦虑。所以，穿拖鞋的猫爷通过一条教大家如何实现全屋无死角的WIFI覆盖视频，就实现了淘宝店的爆单。

很多人谈账号定位的时候，都在说一些表面的特征，这不是账号定位。所谓定位，一定是基于用户心智的，对于内容来说，就是要找到你所在的领域，用户真正的焦虑点是什么。

当我们找到焦虑点的时候，才算真正找到了账号的定位。

那么究竟如何，才能写出爆款视频文案呢，有没有具体的策略和技巧？

下面，我来讲下写出爆款视频文案的方程式。

站在用户角度拆解爆款内容，关键是做好四个环节：①开头不想滑走。②中间想看下去。③看完想点赞。④看完愿意关注你。

对于初学者而言，我的建议是做60秒视频。太短，讲不了什么信息，转粉率差。太长，很难驾驭。按照正常语速，60秒的文字量在220字左右，也就是说一秒5个字左右的语速。在接下来的讲述中，我会按照时间和字数进行拆解。大家在执行中，务必要按照我讲的标准来做。

第二节　如何做到让用户开头就不想滑走？

很多初学者，在写开头的时候，总是会讲很多内心戏，绕来绕去讲不到重点。用户如果在3秒内，也就是15个字以内，还听不懂这个视频的重点，或者不感兴趣，是不会有耐心继续看下去的。

这就要求我们的每一个视频，都要有一个清晰的标题作为开头。当然，标题最好的方式就是一个问句。我也建议大家前期不要想玩什么新花样，就按这个套路来做。

我个人非常喜欢的一个号，穿拖鞋的猫爷。其中有一个合集是装修什么可以买，这个合集本身就是一个问题。里面的视频也都是以问题作为开头的，比如什么是变频空调，定制衣柜的材质怎么选，等等。

当然，问题只是开头的形式而已。要想让你的开头有吸引力，关键还是选题怎么选的问题。

实际上，选题就是找你的生意与用户的连接点。什么是连接点？一般而言，我们在视频中都会有一个用户不知道或者没关注到的点，这个是用户的认知习惯造成的。这个时候，我们就需要找一个用户喜闻乐见的点作为钩子，吸引用户看进去，这个点就是连接点。

我们在看电影的时候，仅仅是看了一个故事吗？当然不是，故事只是导演表达思想的方式。为了让更多的用户走进电影院，听导演的思想，编剧就得找连接点。可能是一个新颖的题材，一个离奇的故事等，都是连接点。

对于爆款内容来说，一般的连接点是不够的，我们做的是在所有连接点中，找到一个当下大多数人关注的点，我把它称之为燃点。所谓燃点，就是连接点中的爆点。

总结下开头的部分。所谓开头，就是要在三秒内用15个字，抛出一个当下更多人关注的问题。这是决定一条视频成败最重要的因素，应该花至少60%的精力在这个事上面。

第三节 如何让用户继续看下去？

根据我监测到的数据，完播率达到30%以上就是很不错的数据表现了。一分钟的视频，对完播的要求可能会更高，我们按照40%计算。

也就是说，平均观看时长要达到24秒。除去开头的3秒。我们至少需要留着用户21秒，105个字。在这105个字内，必须讲一个足够精彩的，能够引人入胜的信息。

注意，这个信息就是我们前面提到的信息，也就是说，必须完成一次认知差的建立。只有认知差建立起来，后面总结性的干货内容，才具备输出的前提，视频才能达到更高的完播率。

对于认知差的建立，最好的方式是通过讲故事的方式建立一个场景。看过罗振宇2020跨年演讲的同学，可能对罗振宇讲"我辈中人"这个概念的时候，讲的故事还有印象。

两个人挑着扁担，在一个田间小路相遇。这条路很窄，只能一个人通过。场面很尴尬，谁都不愿意让。因为，让路的代价是要自己跳到下面的水田里面去。怎么办呢？有一个人，自己跳到水田里，让其中一个人把扁担接给他，等另一个通过了，再把扁担还给他。这就叫躬身入局，我辈中人。

大家看，这是一个非常简单的故事，但是很有代入感，会引发大家的思考。我刚才在复述这个故事的时候，用了101个字。

两人狭路相逢是故事，躬身入局，我辈中人是信息。

关于讲故事的方法，大家如果对这个点有兴趣深入研究，可以看一看新闻写作方面的书。尤其是华尔街式的橱窗式开头法，也是讲一个小故事，窥斑见豹，引人入胜。

总结下让用户看下去的关键，就是要在105个字内，通过一个小故事，带入后面的信息或者观点。

第四节　如何让用户看完愿意点赞？

我们在上一讲中，讲到了峰值和终值体验这个概念，你可能还有印象。让用户看完愿意点赞，最关键的就是终值体验。一般而言，结尾的部分就是最后10秒，50个字。

要想让用户看完后点赞，在体验上关键是两个点。

第一，让用户觉得这个视频帮到了他。也就是说，要把信息转化成方法或者技巧。很多人说，大家点赞的核心是四个字，情趣用品。情是情绪，趣是趣味。用，是价值。品，是品位。对于功能型内容来说，就是用。我们必须通过内容，向用户交付一个实实在在用得上的价值点。

很多时候，我们点赞一个视频其实是mark一个视频。就是觉得很有用，以后还想找出来看看，所以，当我们交付了实用价值的时候，点赞的概率就会很高。

第二，要给用户一个点赞的理由。

我们看到很多视频，在结尾的时候，经常是一种请求式的要赞。这种方式，是不可取的。而且，这种方式往往会适得其反。

点赞是在认可之后的下意识行为，而这种要赞的做法，会将用户从这一情绪中唤醒。正确的做法，是在点赞这个点上，延续之前的认可情绪。

大家看虎哥说车这个账号的内容，结尾就很有意思。什么为匠心点赞啦，为速度点赞啦，等等，都是在延续当下这条视频中传递的核心情绪，而不是跳出这个情绪。

总结下，让用户点赞的关键，是在最后50个字中，总结出一个实用的方法或技巧来，让用户觉得很实用。如果想附加一个点赞请求，正确的做法，是在当前视频的情绪中延续和升华。

第五节　如何让用户看完愿意关注你?

关注这个动作，按照我们之前讲过的，其实就是用户愿意主动和你的关系，从弱关系变成强关系。所以，这里面有一个非常重要的点，就是你主页呈现的内容，是否传递了足够清晰的定位。

用户完成关注的场景是这样。当我们看完一个视频，觉得还不错。我们会马上就关注吗? 可能不会，我们会点击头像来到主页。我们会去看，这个人更新了多少条作品，这些作品中还有没有自己感兴趣的。如果还找到了让自己感兴趣的视频，我们就会毫不犹豫地关注。

所以，每一条视频的封面，个人介绍，置顶视频等，这些动作都很关键。

很多人之前玩抖音的时候，是无目的的，或者搬运了一些视频，问我怎么办。说到这，你就知道了，当然是删掉。

总结下，这个部分，其实很简单。当我们每一条视频，都按照爆款内容套路执行的时候，用户的转粉率一定会提高。视频很容易上热门，播放率也不会太差。

第七章

如何增加直播间人气

直播间人气对于主播来说尤为重要，很多主播都渴望直播间能有上万人甚至几十万人。但实际情况是，大部分的直播间，人数都是几百人。几千人甚至上万人的直播间是少之又少。是不是直播间人少，就一定卖不了货或者赚不了钱呢？不是这样的，有的直播间人数只有几百人，单场带货收入也有100多万元。而有的直播间，虽然有几千人，但是带货量却不多。这主要取决于直播间的观众是否是精准的人群和主播的带货能力如何，如果直播间来的都是没有购买意愿的非精准人群或者是主播的带货能力不行，那自然是卖不了太多货的。本章将从两个方面来为大家解读如何增加直播间精准流量，一方面是免费流量，一方面是付费流量。

第一节　免费流量

我们首先来讲免费流量，免费流量是指自然流量，不用花钱就可以得到的流量，渠道有很多种。例如，利用直播预告视频来邀请粉丝进入直播间，号召粉丝分享直播间，参加抖音官方的流量赠送活动，等等。下面，我们一一展开来讲各种不同的直播间免费流量玩法。

一、热门视频引流法

直播前1~2个小时发布新作品，用作品流量带动直播间人气，如果你的作品能够上热门，那么直播间人数就会增加很多！这种引流法的关键是作品质量要好，视频播放量较高，能够上大热门。抖音平台的流量，其实是比较容易获取的，哪怕你的粉丝较少，只要你的作品质量够好，用户点赞和评论率高，一样可以上大热门。在作品大热门的时候，你再开直播，粉丝增加会很快，直播间人气也会很高。

有这样一个案例，如图7-1所示，一条视频获得了9000多万次的播放量，单条视频涨粉50万+，我们来具体看看这条视频。视频文案是这样写的，"兄弟，戒烟吧，烟盒上都写了，吸烟有害健康。小时候暑假作业上的暑假快乐，那玩意儿让你快乐了吗？漂亮"！就是这样一个很短的视频，收获了50万+的粉丝，同时也让他出名了，被一家MCN机构以150万元签约，并享有利润分红。

图7-1　戒烟

利用这种方法为直播间引流，你需要创作出符合粉丝喜好的作品，从而获取抖音系统的推荐。当然，抖音平台有它的一套视频推荐算法机制，我们要明白视频推荐算法的底层逻辑，就是把优秀的作品传递给更多的人。所以，只要我们基于用户喜好，来创作作品，满足用户的娱乐和学习需求，视频就能获得好的流量推荐。在创作作品的时候，我们要分析粉丝的用户画像和观看习惯，要粉丝思维，而不是自我思维。粉丝喜欢什么，需要什么，我们就制作相关的视频，把信息传递给他们，满足他们的需求。这样我们的视频，会获得越来越多的流量推荐，我们直播间的人气也会越来越高。

举个例子，如图 7-2 所示，比如我们曾经有一个客户，是做白茶生意的，刚开始发的视频都是讲解白茶专业知识的，视频播放量一直停留在2000 以内，提升不上去。后来进行了改善，发布了一个把茶文化融入进去的泛娱乐视频，视频一下子获得了 500 多万的播放，点赞 35.2 万人次，涨粉20 万 +。视频文案是这样写的："拜山头的喝茶黑话，茶座在低，我来拜山门；茶盖扣茶座，大家都是同行，我有事相求；茶杯盖顶，这忙不会白帮，我会给报酬的；对方把筷子朝向你，就是在问你有人推荐吗；你把筷子朝向对方，意思是帮帮忙给口饭吃。"像这样的视频，就是兼具娱乐性和茶文化，大部分的人都喜欢看这样的视频。我们在看一些电视剧的时候，会经常看到这样的场面，例如"林海雪原"里面就有这样一段类似的场景。所以在制作视频的时候，尽可能做一些兼具专业性和传播性的视频，这样比较容易获得较高的播放量。

图 7-2　拜山头的喝茶黑话

二、直播广场引流法

设置一个有魔力、吸引人的直播封面和视频主题，在直播广场可以快速地抓住眼球，吸引人来到你的直播间，并且要选上显示位置，这样同城的人会来到你的直播间。很多人在开直播的时候，直播封面，直播标题都会使用默认的，没有什么吸引力。

封面：抖音直播间封面图为1∶1高清方图，要设置选择高清、吸睛的图片作为直播间封面。封面可以根据直播的主题去设置，比如美食直播，可以选择食物的图片作为直播封面，吸引对美食感兴趣的用户点击进来观看。不过，绝大主播直播，更建议用自己的真人图像来作为直播封面。毕竟人都是视觉动物，越漂亮，越容易在人海茫茫中被发现，让用户有兴趣点击进去一探究竟。

直播标题：抖音直播标题需要设置在10字内。吸引粉丝点击，比如：粉丝专享等你来、新主播求关注、一起来打卡、超级优惠等你来等，突出直播主题，简单文字介绍即可。如果你是直播卖草莓的，你的直播标题可以这样写：欢迎来到我的草莓园；你是做创业分享的，直播标题可以写：揭秘如何零成本创业；你是卖猪肉的，有屠宰场，直播标题可以写：现场直播2分钟杀猪；你是卖女装的，直播标题可以写：最新款女装来袭；你是卖美妆护肤品的，直播标题可以写：大牌超级福利等你哦。直播标题的目的是配合直播方面，吸引用户来到你的直播间。

很多同城的用户，会通过你看你的直播封面和标题来到你的直播间，目前来说，同城的流量还是比较大的。只要你的直播封面和标题写得足够吸引人，会有一大波同城的流量来你直播间。因为看同城视频的人，并不是视频自动播放，而是看到的是视频封面和标题。你的视频封面和标题吸引他，他认为有用，才会点击来到你的直播间。而且同城过来直播间的流量，带货转化率更高一些。

同城类流量比较大的视频类型主要集中在吃喝玩乐，像美食探店类，就是介绍本地有哪些好吃的餐厅和店铺，比如你是一家火锅店，可以直播后厨的配料过程或者店里面的一些环境之类的，会吸引比较大的流量。

三、粉丝转发引流法

在直播的时候，号召你的粉丝分享你的直播间，不但能提升你的直播间的热度，还可以吸引更多的人进来！主播可以引导粉丝去分享直播间给他们的好友或者一些微信群和抖音群。这样一方面可以增加你的直播间的人数，另外一方面可以增加直播间的热度，从而提升在直播广场的排名，获得一个更高的流量推荐。直播间在直播广场排名越靠前，获得的平台推荐的机会也就越大，流量也就越多。

当你的直播间进了直播广场大热门的时候，平台可能会连续好几天推荐你的直播间，进你直播间的人数会多达百万。但是这个流量是不精准的，需要你用一定的技巧和方法，让进来的人关注你，成为你的粉丝。

粉丝转发有点类似病毒式传播，你可以设置一个机制，就是转发你的直播间可以得到一份礼物，这样越来越多的人会转发你的直播间，你的直播间的热度也就越来越高。影响直播间在直播广场排名的因素有很多，像直播间粉丝的活跃度、留存率、平均在线时长、主播直播时长、音浪打赏，等等。平台会根据这些因素，有个综合评分，综合评分越高，直播间在直播广场的排名也就越靠前。

那么有哪些方法和策略，可以让粉丝愿意分享直播间呢？这个要看主播的个人魅力，通常可以设置一些小礼物，转发直播间就可以得到。另外一个就是主播分享的知识，他们觉得不错，认为对身边的人有用，他们会自动自发地分享给身边的人。举个例子，现在教短视频营销的非常多，大部分都是割韭菜的，没有多少干货。当一个主播无偿地把一些落地实战的短视频运营干货分享出来的时候，他们认为很超值，就会愿意分享给身边的人。因为现在大家都知道，短视频和直播带货是一个风口，但是具体怎么入局，怎么玩，还是不太懂。很多人交了学费，交了智商税，还是玩不转。要粉丝没粉丝，要人气没人气，要转化没转化，更别提产生收入了。如果这个时候有一个主播，每天在直播间，分享如何涨粉，如何变现，如何吸引精准人群，如何提高带货转化率，如何复盘，如何撰写爆款文案。而且非常实用和落地，甚至比一些付费培训机构的老师讲的还要实战。那么粉丝自然会愿意分享直播间，特别是当大家按照主播讲的方法去操作的时候，确实有效。这个时候，主播在粉丝心中的形象就会非常好，主播就非常有号召力。

所以主播要想让粉丝自动自发地分享直播间，不是一两句空话，大家就会去分享了。这是需要和粉丝建立情感的，让粉丝充分认可主播的能力和为人。比如你是一个带货直播间，你每天直播的时候，都会带一些超级低折扣的产品，但是数量都是限量的，不容易抢到。这个时候，有的粉丝为了抢到或者多抢一些低折扣的产品，他们可能就会让亲朋好友也来抢，毕竟他们认为抢到就是赚到了，也让亲戚得到了实惠。再比如，你是一个中医大夫，每天会分享各种养生的知识，粉丝听得多了，觉得非常实用，也会愿意分享直播间给其他人的。这个都是需要主播和粉丝建立一种强关系的，一个陌生人是不会分享直播间出去的。

这里给大家讲一个案例，有一个叫"王将左隆"的主播，刚开始的时候直播也就只有几十人。但是他每天都坚持直播4个小时，大概是从晚上8点到晚上12点，有时候甚至到晚上1点。主要讲短视频的各种玩法以及那些割韭菜的培训机构的坑。讲的非常的接地气和实用，很多粉丝用他讲的方法，确实视频播放量上升了。然后不到一个月的时间，他的直播间的同时在线人数就维持在了1500~2000人之间，音浪收入也很不错。他的直播间的大部分的人，主要是来自于粉丝的转介绍。因为想学习短视频和直播带货的人特别多，在他这里可以免费学习，学到的东西反而比一些培训机构的老师讲的还要多，还要实用。这就是一个典型的案例，通过不断的输出有价值的内容，让粉丝认可，和粉丝建立强关系，从而让直播间的人气暴增。这种直播间涨人气方式的前提是，你必须每天分享大量的有用的知识，可能你每天都要花费大量的时间来准备直播的内容。如果你分享的都是粉丝可以在其他地方轻易得到的，或者是重复性的内容，那么很多粉丝也不来听了。老粉丝不来，新粉丝没有，那么直播间的人气自然就越来越少了。

所以直播间粉丝转发引流法的核心是，不断地输出对粉丝有价值的内容，从而让粉丝产生高度认同感，进而分享直播间给他们的好友，形成一个病毒式、爆炸性的传播。然后可以适当地配合送小礼物的方式，引发更多的人转发直播间，比如可以在直播间发红包等。

也有一些主播会用一些欺骗的手段，来让粉丝转发直播间。比如，在直播间积极地打字，给别人点关注，送音浪和转发直播间，可以增加账号权重和亲密值之类的。这个是完全骗人的，根本没有这回事儿，很多新手不懂，就会信以为真。但是新手后面明白过来怎么回事儿的时候，就会很反感这个主播，可能就不会再进去他直播间了。我建议大家，在直播的时候，还是要真诚地对待自己的粉丝，不要为了一时的利益，欺骗粉丝。这样，是不利于主播长期发展的。

四、粉丝互换引流法

粉丝互换引流法是一种可以快速涨粉和增加直播间人气的方法，这种增加直播间人气的手段就是主播PK。前提是你自己的直播间得有一定的人气，或者是你有着比较好的人际关系。比如你和一个直播间有10000人的主播连麦或者打PK，对方的粉丝会有很大一部分变成你的粉丝，来到你的直播间。这里需要注意的是，和你连麦的主播需要和你是相关领域的，不然他的粉丝对你没有兴趣。

举个例子，比如你是一个喜欢分享创业知识和创业项目的的主播，是一个连续创业者，在创业方面有着非常丰富的经验，接触过大量的项目和创业者。这个时候，你可以选择和一些同样是分享创业知识的主播进行连麦，你通过你专业知识的分享把对方的粉丝变成自己的粉丝，吸引到自己的直播间。这个前提是，你关于创业的知识要非常的丰富，非常的实战，能够吸引对方粉丝的兴趣。比如，你在行业内有一定的知名度，曾经上过一些电视节目，或者是操盘过很不错的项目，或者BAT出身，有着非常好的背书。这些都是能够成功吸引对方粉丝的加分项。在实际操作的过程中，大家会经常遇到的问题就是，找不到合适的主播和自己的连麦，因为如果你自己的直播间人气较少的话，那些人气主播是不愿意和你连麦的，除非你们私交比较好。

需要注意的是，在使用这个直播间引流方法之前，最好是先有一定的粉丝基础。假如你现在直播间的人气有200，通过和人气在200人左右的主播，不断的粉丝互换，你的人气可以很快地涨到1000，然后用同样的方法和不同的主播进行连麦，你的人气会不断增长。这里比较核心的两点是：①你需要找到不同的主播进行连麦，可以每天晚上直播的时候找1~2个主播连麦。②你需要能够分享比较专业的知识，拥有独特的人格魅力，能够吸引对方主播的粉丝关注你，来到你的直播间。

另外一个就是跨界连麦涨人气法，我们前面讲过，连麦的对象需要是和你本身要分享的内容相关的主播，这样粉丝比较精准，比较容易转化成你的粉丝。但是，这样的主播数量总是有限的。当到一定程度之后，我们需要进行跨界连麦，就是和那些和我们领域不相关的主播连麦，通过我们个人经历的分享以及专业知识的讲解，把对方的粉丝吸引过来。我们还以这个创业分享为例，每个人都渴望生活的好一些，内心深处都有想要创业赚钱的想法，赚钱可以说是每个人的需求，那么当和一些娱乐主播连麦的时候，我们可以讲一些如何轻松创业的知识，就可以吸引一部人变成我们的粉丝。当然，针对不同的人群，需要不同的话术和手段，在这里理解了跨界连麦是什么意思就行。当你实际操作的时候，自然会知道怎么讲，才能够把对方的粉丝变成自己的粉丝。

所以粉丝互换引流法，分为两个阶段：第一个阶段是和自己领域相关的主播进行连麦涨人气；第二个阶段是跨界连麦，和一些人气比较高的娱乐主播、搞笑主播、情感主播进行连麦。娱乐主播、搞笑主播、情感主播、旅行主播这几个类型的主播，一般粉丝量比较大，直播间人气也比较高。

五、多平台导流法

这种方法主要是把其他平台的粉丝，导入到抖音平台，比如像微信、微信公众号、小红书、知乎等。为何要这么做呢？这样做的好处是，可以快速增加我们抖音直播间的人气，从而获得一个更多流量的推荐。就是用我们其他平台粉丝，把抖音直播间的热度给炒起来，获得抖音直播广场比较高的排名，从而得到更多免费的流量。

很多主播，在其他平台有着良好的粉丝基础和影响力，这样你来到抖音的时候，不需要从 0 开始，因为从 0 积累粉丝是最难的。而且你其他平台的粉丝，大部分都是沉淀下来的忠实粉丝，开直播的时候，互动性也会比较好，直播间的各项指标也比较容易达到抖音直播广场推荐需要的指标。我们把其他平台的粉丝，带到抖音直播间的目的，就是为了增加直播间的活跃度，从而获得更多的免费推荐流量。

比如，我们今天晚上 8 点，在抖音要开一场直播。这个时候，可以提前

1~2天利用微信公众号、个人微信、小红书、知乎，告诉我们以前的忠实粉丝，让他们到时按时来抖音直播间看直播。通过做一个直播预告，把要分享的内容，以及会送出的礼品在各平台上告知一下。

举个例子，有一个在培训界非常有名的老师"袁国顺"，他的"免费模式"在业内非常有名。多年下来，在全国各地积累了非常多的学员，而且很多学员用了他的方法之后，企业确实取得了很不错的业绩增长。也就是说，他有着一批非常铁的学员，非常的支持他。前段时间，他在抖音开了直播，第一场直播，直播间人数就高达5万人。怎么做到的呢，很多人很好奇，其实当你知道他的方法之后，就一点也不觉得神秘了。因为他用的方法，就是把其他平台的粉丝，导入到抖音直播间，然后带动抖音免费流量的推荐。

我们现在来看看，"袁国顺"老师是具体如何做到的。他是当天下午3点开始在抖音直播的，在直播之前，他让助理通过微信群告诉了他的一些学员。说下午3点，袁老师要在抖音进行直播首秀了，会分享一些他最近研发的增加利润的营销策略以及会发放一些福利。很多学员在听到了这个消息之后，自己的老师要在抖音进行直播首秀了，而且有奖品拿，肯定要支持一下！所以他开播的时候，直播间来了500多位学员，都是很铁的那种，因为很多学员通过跟着老师的学习，确实赚到不少钱，于是很多人都送嘉年华，很快，袁老师的直播间就是小时榜第一名了，音浪收入1000多万，稳居小时榜第一。你想想，都是直播小时榜第一了，而且又有那么多的音浪，抖音会不给流量推荐吗？很快，袁老师的直播间人数就过万了，最高的时候5万人同时在线。这就是多平台导流法的一个典型案例。用其他平台的粉丝，带动抖音直播间的人气，从而获取免费的直播广场的流量推荐。

六、固定时间直播导流法

固定时间直播，给粉丝养成看你直播的习惯，比如每天晚上8点到10

点直播，这样粉丝会慢慢地形成一种习惯，觉得晚上 8 点不看你直播，像缺点啥似的！而且每次直播要分享不同的内容和话题，这样看你直播的粉丝才会越积累越多！如果你每天讲的内容都差不多，老粉丝也不来，新粉丝也没有，那直播间自然就凉了！直播间的粉丝留存率和老粉丝活跃度是一个非常重要的指标，是能够体现一个直播间是否是优质直播间的关键因素。

在直播的时候，呼吁粉丝加入你的粉丝团，这样你再开直播的时候，他会收到直播通知，会很大可能性进你的直播间！假如你有 100 万粉丝，但是他们没有加入你的粉丝团，在你开直播的时候，他们是不知道的，看不到任何关于你直播的消息，来你直播间的概率也会非常的小。当粉丝加入你的直播间粉丝团之后，你再开直播，他们会直接收到直播间提醒和推送。

另外就是，在主页那里进行直播预告，比如在你的账号主页那里注明，每天晚上 8 点直播等。这样粉丝知道你，每天直播的时间，如果你的视频比较吸引他，他想了解更多的话，会通过你的账号主页来到你的直播间。就是粉丝会记住你直播的时间，提前安排好时间，有目的地来看你直播。而不是在刷视频的时候，刷到你了，才过来。这两者是截然不同的。后者，对你的认可度会更高，以后你直播带货的时候，转化率也会比较高一些。

固定时间直播，有两个好处，一个是可以让粉丝养成一个观看的习惯。第二个好处是，让平台识别到你固定的时间直播，非常的有规律，认为你是一个优质的主播，会给予相关的流量扶持。免费流量，其中最大的一块流量来源，就是直播广场的流量推荐。能够在直播广场，获得一个好的排名，会带来很大的直播间流量。

作为一名主播，一定要养成良好的直播习惯，固定时间进行直播，粉丝习惯的养成特别不容易。除非有特别重要的原因，否则不要轻易改变直播的时间。通过固定时间的直播，让粉丝变成你的忠实铁粉，每天按时来观看你的直播。这个当然需要主播有独特的人格魅力，每天能够分享不同的知识。

有的人会觉得，每天直播，没有那么多东西讲怎么办？其实这个不难，就是你每天直播的时候，准备好几个话题，每个话题一边和粉丝互动，一边进行分享。还可以选择和粉丝进行连麦，这也是比较好的能够增加粉丝黏性的方式，当你和粉丝连麦的时候，粉丝可以更直接地和你聊天，而且他也可以收获一些粉丝。有一个主播"令狐不信邪"，是一个短视频商业咨询师，每天就是和不同的粉丝进行连麦互动，进行具体案例的讲解和指导，从而收获了大量的忠实粉丝，还被抖音官方邀请为官方讲师。

七、抖音官方免费流量扶持

抖音官方会不定期地给予直播流量的扶持。目前来说，流量扶持力度还是很大的，有的时候高达10亿流量扶持。当你报名计划后，如果符合条件，会得到一个比较高流量的扶持。所以，要及时关注官方的各项流量扶持活动，积极报名参加，说不定就会有意外之喜。

抖音前段时间曾有一个"百万开麦"主播扶持计划，抖音粉丝≥1万且累计开播时长<25分钟的用户可报名参加，据了解，满足条件且报名后完成首播的主播，将获得价值300~500元直播Dou+奖励。主播会在满足条件后的15个工作日内发放Dou+奖励。当周单场直播超过1小时的主播，即可获得下周随机一条短视频的增量曝光。报名主播每周均可重复参加活动。B级曝光约为2000次曝光，A级曝光约为2500~3000次曝光，S级曝光约为3500次曝光。其中，视频曝光将作用于满足条件后发布的视频，直播间曝光将会在满足条件后的开播时间生效。

下面是该次"百万开麦"主播扶持计划的具体详情如表7-1所示。

表 7-1　"百万开麦"主播扶持计划

粉丝量级	报名开播，对应奖励	
	Dou+ 奖励	直播间曝光
1~10 万	300 元 Dou+	B 级曝光
10 万 +	500 元 Dou+	A 级曝光

以上是七种免费流量的获取方式，都是我们验证过行之有效的引流方式，如果你能够把这几种增加直播间人气的方式运用熟练，那么直播间的人气就不再是很大的问题了。

第二节　付费流量

接下来我们讲下付费流量，免费流量固然好用，但是需要花很多心思来拍摄以及做出优质作品，不然视频上不了热门，免费流量也会比较少。视频能否上热门也是由很多因素决定的，而且也需要一定的时间。对于直播带货来说，先增加粉丝，再开直播，再带货，从时间上来说，耽误不起。在直播带货这个领域，可能你比别人慢一天，机会就错过了。这个时候需要用到付费流量，付费流量玩法也有很多种。主要就是一个 ROI（投入产出比）的优化，只要有合理的利润，就可以大量投入广告。比如 ROI 能达到 1 : 3 以上，就是一个很不错的数据表现，就可以大量投入。ROI 1 : 3 是什么意思呢，就是你每投入 1000 元，可以产出 3000 元的销售额，然后再结合你的产品利润，来决定是否可以有足够的利润，是否可以大量广告投放。

有很多的团队在计算的时候，并不会只看单纯的 ROI，而是会看长远的投入产出，因为这里面牵涉到一个用户复购的问题。目前来说，抖音流量还是比较便宜的，所以很多公司都在大量投放广告，进行跑马圈地，建立自己的流量池。比如，我这场直播花了10000元进行广告投放，直播的时候来了1000人，销售额是100万元。因为产品给出了非常大的折扣，为了增加粉丝信任感和黏性，基本上不赚钱，是交个朋友的心态，所以整场直播下来不赚钱。但是收获了粉丝的信任，这样下次直播的时候，大部分的粉丝还会过来，然后就会产生收益。所以这就是前期补贴亏钱，后期进行变现的玩法。这种好处是，可以快速地进行跑马圈地，因为你不赚钱，自然你的东西是最便宜的，全网的消费者很多都会被吸引过来。

前面也讲到过，一场带货直播，产品分为三种类型，引流产品，中档产品，高档产品。引流产品，主要是为了给到粉丝实惠，增加信任感，建立公司形象，以及吸引人气；中档产品，为主要产生利润的产品；高档产品，是为了建立公司的品牌形象，不走量。这三种类型的产品缺一不可，如果你只有中档产品，那么直播间的人气会下降很多。所以必须有引流产品，来保证直播间的人气。你看到很多主播在直播预告的视频中会说，直播间送手机，多少份1元包邮的产品，甚至一些大主播，会送汽车。当然汽车嘛，并不是真的送，有的是送出几年的使用权，有的是给付个车款首付。但是营销效果达到了，很多人来直播间，就是想碰碰运气，看能否抢到那个汽车。很多粉丝可能会想，我就是来领福利的，我绝对不买东西。但是看着看着，就会买了，因为你会被主动给带动起来，那种稀缺性和紧迫感的气氛营造，很多人都招架不住。而且，实际上产品确实便宜，作为消费者来说，确实省钱了。

付费推广的方针，就是先用付费手段聚人气，然后再进行带货变现，付费推广的手段比较多，有Dou+视频投放，直播间加热，打榜，巨量引擎等。每一种方式都有独特的玩法，都可以产生很大的收益，根据不同的产品类型可以选择不同的付费推广手段，也可以组合使用。最终还是要看投入产出比。有利润就可以大量地投入，没有利润就要调整策略。我们现在来具体讲讲每种不同付费推广渠道的不同玩法是怎样的。

一、DOU+视频投放

DOU+是为抖音创作者提供的视频加热工具，能够高效提升视频播放量与互动量，提升内容的曝光效果，助力抖音用户的多样化需求。通过Dou+可以更多曝光，获得更大范围的作品推荐，提升人气；更多互动，获得更多兴趣用户的互动及关注，提升互动；吸引流量，让更多用户看到你的直播状态，围观你的直播间；为TA打call支持代投他人视频，为你喜爱的那个TA送上神秘惊喜。

我们的目的是直播带货，我们投放DOU+的目的，是增加直播间人气。比如如果我们投几百元的广告，把一个视频送上大热门的话，那么直播间的人气就会暴涨。如果是选择智能投放的话，100元可以获得5000次的视频曝光，但也不是绝对的，如果视频的点赞率、评论率、转发率以及关注比不错的话，可能会上一个大热门，获得一个几十万甚至过百万的播放。所以，我们在选择或者制作DOU+投放视频的时候也是很关键的。我们的目的主要是涨粉和增加直播间人气，要通过投放测试，来筛选出表现最好的视频，最终大量地投放。通常来说，一个视频可以连续投放1个礼拜左右，慢慢效果会下降，我们就再换一个视频进行投放即可。

这里给大家讲一个案例，我曾经有一个朋友，是卖女性减肥代餐的，就是帮助女性减肥的营养餐。他主要是在直播间卖减肥代餐，每天大概投放1000元的DOU+费用，大概能有1000人来到直播间，平均进入直播间的成本在一元左右。每天大概可以卖出3000元的产品，利润是2000元。他是每个小时投放200元的广告，再多的话，投入产出比就会下降，每天直播4小时。当然现在，广告费有所上涨，进入直播间的单个粉丝成本在增加。哪怕投入1000元，产生1000元的利润，也是一个很可观的利润。通过这种方式能否赚钱，是由很多因素来决定的，比如你的选品如何，主播的带货能力如何，广告视频的质量如何，以及投放技巧等。这些都是要进行测试和优化的，不一定付费推广就一定能赚钱，但是一旦测试成功，就可以不断地放大来做。因为只要花钱了，视频一定有播放量。很多人花了好几个小时做了一个视频，发在抖音上面，只有几百的播放量，粉丝甚至一个都不涨，白费了功夫和时间。用这种方式，把注意精力放在直播带货上面，因为这才是变现最直接的方式。你粉丝再多，如果没有办法进行很好的变现，也是白耽误时间，没有任何的意义。很多几百万粉丝的账号，都是没法进行很好的变现的，只是数据好看而已。

　　DOU+广告投放的具体流程是如何的呢？首先选择一个投放视频，然后进行广告投放，可以选择智能投放，可以选择定向投放，也可以选择达人相似粉进行投放，有速推版，有定向版。不同的投放方式有不同的玩法，不同的视频和不同的投放目的，也可以有不同的操作方法，这个要具体情况具体分析。比如有的人希望点赞评论量多一些，有的人希望涨粉多一些。我们一般会是希望涨粉多一些，因为粉丝可以进行二次或者多次转化。通常不太建议智能投放，因为智能投放的流量可能不太精准，从而导致转发率和进入直播间的单个人气成本上升。但是，我们有一个会员，刚开始玩，不怎么懂DOU+投放，就是直接用的速推版智能投放，投入产出比非常的不错，每天大概投入2000元，有2000元的利润。速推版智能投放，比较简单粗暴，选定一个视频之后，直接交给系统进行投放，平台会根据视频的类型和反馈，不断地探索喜欢你视频的人群，从而获取一个精准的流量。所以速推智能投放的核心是，你不能只投几百元，尽量长期的投放，因为系统进行探索人群也需要一个过程。你如果只投100元，系统是没有那么多时间和机会进行探索的。所以，智能投放需要进行一个测试，就是选定一个作品，然后花上1000~2000元进行投放测试，看看涨粉如何，进入直播间的人气如何，带货转化率如何，能否产生利润。如果可以产生好的利润，就可以持续放大，如果没有，就要调整策略。

（一）DOU+ 投放速推版

我们先来讲 DOU+ 投放速推版，速推版就是智能投放，只需要选定某一个作品，系统会智能化地为你探索投放的人群。从而满足你，点赞评论量和粉丝量的提升。你可以选择提升点赞评论量，也可以选择提升粉丝量。提升点赞和评论量的目的，是为了让我们的视频有更好的数据表现，从而增加进入直播间的人数。当你看到一个视频，点赞和评论特别多的时候，就想去直播间看看主播到底在讲什么？如果一个视频，点赞和评论特别少，观众就会认为，肯定讲的不咋地，不然点赞和评论不会这么少啊。速推版投放的成本是，100 元可以获得 5000 次的视频播放，有的时候视频表现好的话，会获得一些播放量的赠送。我们现在来看一个 DOU+ 投放的图，如图 7-3 所示：

图 7-3　DOU+ 投放图

　　这里可以设置希望智能推荐给多少人，可以选择2500或者5000也可以自定义人数。最高可以是1000万，也就是说单次广告投，最高可以让1000万人看到你这个视频。1000万次视频播放需要多少钱呢？大概需要20万元人民币。按照进入一个直播间的人均成本在1元左右，也就是说1000万次播放，花费20万元人民币，大概会有20万人来到你的直播间，如果你这场直播利润超过20万元，完全可以进行大量投放。因为你不断得到了直接的利润，也积累了客源，20万人来到你的直播间，少说也会有2~3万人关注你，这样你下次开直播卖货的时候，还是可以持续赚钱的。这也是很多MCN机构和团队，花重金，不惜一切代价买广告的原因，因为流量成本和广告成本会越来越贵，现在还是一个比较不错的时机，还是一个跑马圈地，积累忠实客户群的阶段。

　　另外，在进行速推版投放的时候，选择点赞评论量提升的好处就是，可以让一个视频获得好的数据表现，比如完播率、点赞率、评论率、转发率等。这些数据指标不错的话，可以让视频进入一个热门流量池，获得一个较大的播放量。这也就是，大家可能听说过的DOU+把视频送上热门，比如你可能投了100元费用，视频却有几十万的播放量，甚至更多。这就是基于点赞量和评论量的提升，让视频进入了一个热门的流量池。我们现在来看几个案例：

　　如图7-4是蓝小爸对他的这个作品投放了500元的广告，获得了166.5万个点赞，评论数3.7万，转发数7.7万，这个视频少说播放量也有5000万次。当然这里我们看不到具体的播放量，只有蓝小爸他自己进入后台才能看到。通过推算，可以大概知道视频播放量。那么500元，在正常情况下，可以获得多少播放量呢，大概是25000次播放。所以可以看出，这500元的广告投放，就成功地把视频送上了大热门，获得了超预期的播放量。当然不是每一个作品都能取得这样的投放效果，更多的和作品品质有关。就是你的作品，本身就比较受大家欢迎，而且视频的受众要比较广，就是大部分的人看了都会点赞或者评论，有话题性。如果是一个专业性比较强的视频，那么是不会有这么多人评论和转发的。所以我们做视频的时候，要兼具专业性和传播性，让这个视频大家都可以看，都有兴趣。像蓝小爸这个视频，就是一个萌宝的视频，养女儿感觉真的不一样，不信在座的各位试试。这种视频，大部分的人都有兴趣看完，并转发给好友。这就是这个视频，通过DOU+投放，获得如此高播放量的关键。

图 7-4 蓝小爸

如图 7-5 是抖音号"育儿我豆懂"的一个视频，投放 200 元 DOU+，有 88.3 万人点赞，1.1 万人次评论，8.5 万人转发，视频通过 DOU+ 助推，也很好地上了大热门！这个视频的播放量至少也在 1000 万次以上，200 元 DOU+ 正常来说只能获得 10000 次的播放，这里明显超预期了。这个视频是关于什么内容的呢，我们来看视频标题"宝宝第一次学说话，还请爸妈多指教！你们家是怎么教的？"。在短视频评论，关于小孩的视频，其实是万能的，也就是说受众很广。大部人的人，都会结婚生子，有小孩，照顾小孩，等等。所以，对这方面的视频，有一种独特的情感在里面。这也是这个类型的视频比较受欢迎的主要原因。

图 7-5　育儿我豆懂

　　还有一个在DOU+广告投放的时候，选择提升粉丝量，这也是大部分的人都会选择的投放方式。因为成为关注你的粉丝的时候，说明对你的认可度更高，你也有更多的机会来转化他们。当你发布视频的时候，作品会优先推送给粉丝，因为粉丝对你的认可度更高，你新的作品他们进行点赞、评论、转发的概率也就较高，从而让视频比较容易上热门。而你也会在主页注明开直播的时间，这样你开直播的时候，他们来看你直播的可能性比较大。如果一个人都没有关注你，那么他来你直播间的概率是非常小的，这也是为什么大部人的人，选择增加粉丝量。

　　在你的作品质量不是那么好的情况下，需要选择提升粉丝量这一项。如果你的作品不错，具有传播性，很受大家欢迎，可以选择提升点赞评论量，从而给视频进入一个更大流量池的机会。这里需要注意的是，通常选择提升粉丝量，视频获得更多流量的机会比较少。选择提升点赞评论量，如果视频数据表现好的话，是能够有机会上大热门的，就像上面举到的两个例子那样。

　　在支付完DOU+投放费用之后，视频会进入一个审核的过程，就是抖音官方会进行人工审核，符合他的投放要求的话，就开始进行投放。如果不符合的话，就会被拒绝。DOU+视频审核这块，还是比较严格的，作品里面不能有明显的广告性质，这里有几个类型的视频，是会被直接拒绝的，可以注意下。如表7-2所示，如果视频审核被拒，就要重新更换投放的作品了。

表7-2　不合规视频类型

不合规视频类型	问题描述
搬运 / 非原创视频	含有其他平台水印、视频 ID 与上传 ID 不符，明显盗录内容
低质量视频	内容的故事性、完整度差，视频模糊
广告营销	明显的广告营销类型信息
隐性风险	出现标题党、危险动作、令人不适元素等高危内容
未授权明星 / 影视 / 赛事类视频	视频内容侵权

（二）DOU+ 定向版投放

定向版分为系统智能推荐、自定义定向推荐、达人相似粉推荐，系统智能推荐和速推版是一样的。唯一的区别是，可以设定投放时长，比如2小时投放完成，或者是6小时、12小时、24小时投放完成，这个根据需要来进行选择就行。如果是单纯地为了涨粉，可以选择6小时，12小时或者24小时，这样流量会更精准一些，给系统一个探索人群的过程。如果是为了增加直播间的人气，而且直播时间又不长的话，可以选择投放在2小时内完成。这一点是非常关键的，很多人在进行广告投放的时候，目的不是很明确，造成严重亏损。比如你的目的是直播带货，把人吸引到直播间，而你的直播时长是4小时，这样你在快开播的时候，就要提前把视频进行投放，而且要选择2小时投放完成。如果你选择6小时或者12小时，可能等你直播结束了，DOU+费用都还没有消耗完。所以，要根据你的投放目的，来选择相应的投放时长。关于系统智能投放，了解这么多就够了。接下来，我们重点讲下自定义定向推荐和达人相似粉推荐。这两个是在实际操作中用到比较多的投放方式。

自定义定向推荐可以根据性别、年龄、地域、兴趣标签等数据指标来进行精准投放，如图7-6所示。通过这种投放方式，可以让我们找到目标人群。在使用这种方式之前，你需要充分了解你的客户群体，他们的用户画像，性别，年龄阶段，地域，以及相应的兴趣标签。当你确定了这些之后，就可以制作相关的视频，然后进行一个精准的投放。这需要了解的是，精准投放的广告成本会比较贵一些，100块钱只有2500次视频播放。但是相对于传统的地推式的广告方式，已经非常便宜了。

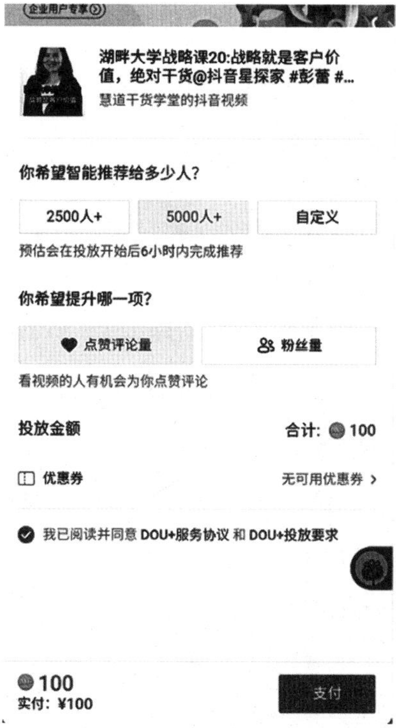

图7-6 自定义定向推荐

我们举个例子来说明，比如你现在有一家火锅店开业了，有一个开业优惠活动，需要让大家知道这个消息。通常会怎么做呢，就是会印刷一些设计精美的传单，然后雇人到一些商圈进行发放。我们来计算下成本，这种设计精美的传单，通常一张的成本是5毛钱，我们来以5000张计算，大概需要2500元的印刷成本，然后你还要雇人去商圈发放。我们以每人每天可以发放100张来计算，5000张大概需要10个人才能发完，每人一天的工资也至少在100元左右。这样算下来，发放这5000张开业优惠活动信息的广告成本是3500元。而我们把同样的资金，用短视频的方式进行一个精准投放，大概能够覆盖到多少人呢？可以覆盖到87500人。基本上方圆10公里的人群，可以覆盖一遍了。这样的广告效果，要比雇人发传单效果好得多，而且会节省不少广告费。

那么这个火锅店，在进行自定义定向推荐的时候，应该如何来进行选择呢？首先火锅店，需要针对这次活动信息制作一个视频，这个我们就不讲了。然后进行广告投放，设定性别、年龄、地域、兴趣标签，如图7-7所示。

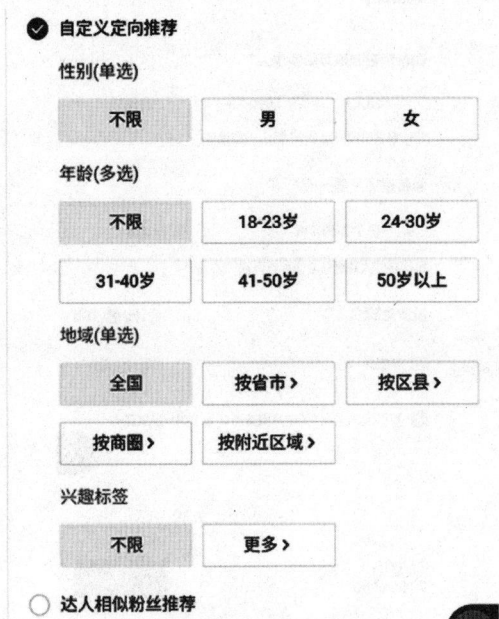

图 7-7　自定义定向推荐选项筛选

性别选项没有限制，年龄也不用限制，全选就行，因为吃火锅，各个年龄段的人都有可能过来吃，兴趣标签也不需要做过多的限制。这里需要进行设定的，主要就是地域的选择，你的火锅店在哪个城市，就选择哪个城市附近的商圈。这里应该怎么选择呢，直接按附近区域来进行选择。投放半径选择6公里或者8公里或者是10公里等，这个要根据你的广告预算来的，如果你的广告预算不多的话，可以选择6公里。如果广告预算无上限的话，可以选15公里，根据一个城市的人群密集度来定，如图7-8所示。有的城市人口密集度比较大，一公里范围会有几百万人，有的小城市，一公里范围仅有几万人。所以你要进行一个城市人口密集度的分析，最终来根据你的预算选择投放半径。人口密集度越大，广告预算越少，设置投放半径的时候，设置的范围也就越小。反之，人口密度越小，广告预算越大，设置投放半径的时候，设置的范围也就越大。

图7-8 自定义定向推荐投放半径

自定义定向推荐，要根据你的目标群体的用户画像来进行投放，就是你的目标客户群体的性别、年龄、兴趣爱好、地理位置等。比如你的目标客户群体，是一二线城市、喜欢美食的女性，那你在投放设置的时候，就可以只选择全国一二线城市，兴趣标签选择美食，性别选择女性，年龄可以不限。

这里给大家讲一个服装行业的真实案例，前段时间，在广州有一家服装店，因为疫情的原因，服装店没法开张。在朋友的建议下，他们决定通过短视频直播来卖他们店里的衣服，于是他们就注册了账号，然后发布一些服装相关的视频。有一天，他们开了直播，并且发布了一个直播预告视频，视频内容大概是这样子的，就是说我们下午两点将会直播卖衣服，所有的衣服统统五折，然后把这个直播预热视频通过豆荚推送给了3万个附近6公里范围内的年龄在20~40岁之间的女性。结果当场直播来了3000人，有500人下单买衣服，当天净利润6万元！他花1000元的豆荚推广费用，实现了6万元的利润！他这个账号的粉丝都是本地的女性粉丝，而且他们也是有针对性的推广，所以产生的价值和利润也很可观。而且这只是开始，这3000人来到她们的直播间，有2000多人关注了他们的账号，有1500人加入了粉丝团队。后面他们在开直播的时候，这些人还是有很多买他们的衣服，比如新款啊，打折款啊，等等。他们会专门为直播间的粉丝，提供比较大的折扣，比如这件衣服门店卖390元，而在直播间买只需要290元。粉丝确确实实感受到了优惠和福利，很多人都疯抢，他们是靠走量来赚钱的。一场直播下来，他们会加一些新款进来，门店的价格也会标得比较高，让粉丝认为占到了便宜，销量非常好。

后来他们不断地把这种方法放大，就是投放广告的区域越来越广泛，刚开始是集中在广州市，后来投放到深圳、珠海、中山、佛山等地。再后来，开始投放全国的一二线城市，慢慢地往全国发展。在我写这本书的时候，他们的账号粉丝已经接近100万了。你可能认为抖音上面，100万粉丝的账号大把，但是我要告诉你，他们这100万粉丝都是非常精准的粉丝，对他们的认可度非常之高。抖音上很多几千万粉丝的账号，开直播也只有几百人。他们基本上每周都会开一到两场带货直播，直播间人数都会在5~10万人，单场直播带货流水都是1000万以上。后面不仅仅是卖衣服了，他们通过分析粉丝画像，也开始卖美妆、护肤品、鞋帽之类的产品，利润非常可观。当然现在，流量的成本逐渐上升了，没有他们那个时候便宜了。但是这种模式，是一直可以参考使用的。就是先获取流量，然后沉淀客户，最后进行带货变现。

接下来我们讲达人相似粉丝推荐，就是通过这种方式，把你的视频推送给和你选择的达人粉丝的粉丝画像差不多的人群，这是一种非常精准的投放方式，如图7-9所示。举个例子，比如你是卖母婴产品的，那么你在投放的时候就可以选择一些讲育儿知识的账号进行达人相似粉投放，选择那些粉丝数量在100万以上的达人。这些讲解育儿知识的达人，他们的粉丝大部分都是宝妈，是很好的母婴产品购买人群。这里需要明白的是，并不是全部把你的视频投放给他们的粉丝，而是投放给跟他们的用户画像差不多的人群。当然会有一部分他们的粉丝看到这个视频。当你选某个达人进行达人相似粉投放的时候，平台会开始分析这个达人的粉丝画像，并开始把你的视频推送给这个类型的人群，启动比较快，人群也相对精准一些。如果是智能投入，系统需要一个探索人群的过程，加上你如果只有几百元的广告费，等系统探索结束了，你的广告费也就没有了，所以看不到太好的效果。达人相似粉投放，就解决了这个问题，可以很好地启动，直接就把你的视频推送给比较精准的人群。

达人相似粉投放，最多可以选择20个达人，如果你的投放预算不多的话，选择3~5个达人就可以了。这里的关键是，在投放之前，你要先找好要投放的达人，分析他们的视频类型，和相关的粉丝画像以及他们的视频评论和直播间反馈。通过相关的分析，来确定他（她）的粉丝是否是你想要的人群。达人相似粉投放，广告价格也是100元2500次的视频播放，相当于是精准投放，还是挺便宜的。

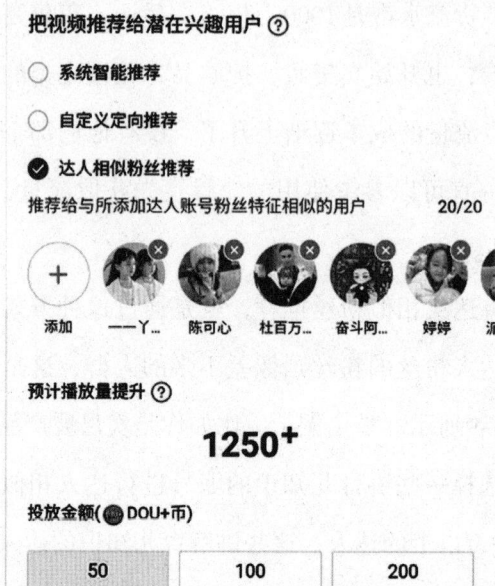

图 7-9 达人相似粉丝推荐

关于选择要投放的达人账号，需要注意：要认真分析达人的粉丝画像，一般会找行业内前30名的达人，进行相关的数据分析，包括用户画像，视频反馈，直播间人气等。最终确定选择哪几个达人的账号进行投放。那么如何对达人的账号以及用户画像，进行详细的分析呢？我们需要用到专业的短视频数据分析工具，像飞瓜、短鱼儿、卡思数据、抖抖侠等。这些专业的分析工具，可以让你查看比较详细的账号数据。像粉丝画像、粉丝性别比例、行业分布、日活跃分布、地域分布、年龄分布、周活跃分布、粉丝增长趋势等非常多的数据可以查看，如图7-10所示。还可以查看博主的视频，以及有哪些热门视频，主播曾经带过什么样的产品，销量如何，反馈如何。通过这些数据，我们就可以判断，这个达人的粉丝是否适合我们，是否具有我们潜在的目标客户。

行业分布

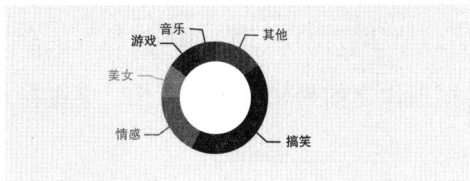

性别分布

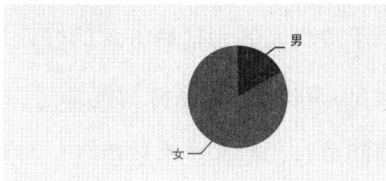

日活跃分布

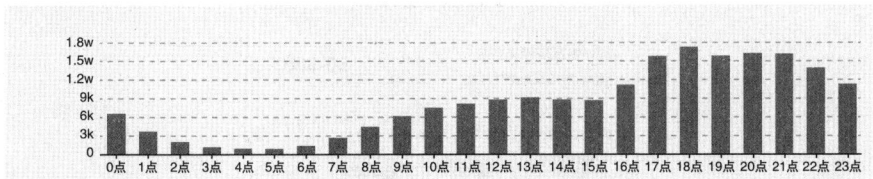

图7-10　粉丝画像

第三节　直播间加热

直播间加热就是在直播的时候，直接给直播间投DOU+进行加热，通常100元可以给直播间带来50~300个观众。也可以选择你投放的目的，可以是给观众种草，就是以带货为主，也可以是和观众互动或者是直播间涨粉以及增加直播间人气。这种方式就是直接付费推广，吸引人来到直播间，目前来说单个进人成本在1元左右。其实不需要害怕花钱，还是一个投入产出比的问题，如果你花1000元，吸引1000人来到你的直播间，通过带货你的利润超过1000元，就可以大量地进行投放。而且你还积累了一批粉丝，当你以后再次进行直播带货的时候，他们也有很大可能性进行购买。关于直播间加热流程以及有哪些技巧，我们现在来一一进行讲解。如图7-11所示。

直播间加热方式有两种，一种是直接加热直播间，另一种是选择视频加热直播间。直接加热直播间，用户在刷视频的时候，在推荐页面就可以直接点击进入到你的直播间，而不是通过点击头像进入直播间，这是非常利于吸引人的。这种方式的好处是，价格稍微便宜一些，100块钱可能会带来50~300人，是系统智能推送，会根据你之前粉丝的用户画像，来进行直播间推荐，精准性不是很高。如图7-12所示。

图 7-11　直播间加热

图 7-12　推荐页面直播间图像

这种方式比较简单直接，也是很多主播都会用的方式，有一些卖书的或者是卖课程的，都会用这种方式做无人直播，一天24小时不停地直播卖书或者卖课程。什么意思呢？他们会事先录制好一段视频，然后利用电脑直播反复地播放一段精心设计好的视频，卖一本书或者是电子课程。直播间流量来源主要是用这种智能直播间广告投放的方式，比如卖一本39.9元的电子书。纯利润就是39.9元，假设每个小时投100元，会有100人来到直播间，转化率5%，那就有接近100元的利润。每个小时投100，一天下来就是2400元的广告投放，利润就是2400元，因为是无人直播，视频自动的播放，所以不费什么力气，就能自动赚钱。这种玩法的核心是，你需要精心设计好一段销售视频，卖书、卖课程等，因为书和课程的利润很高，可以自动发货。如果是卖实物的话，就没有办法很好地做到24小时无人直播，因为实物会有很多人问问题，不能及时回答问题的话，客户就不会进行购买。

另一种方式就是选择某个视频进行加热，就是当用户看完你这个视频，觉得不错，然后通过点击账号头像进入你的直播间，这种方式来的人会比较精准。你可以选择一些数据表现比较好的视频或者一段直播预告视频，来吸引人进入到你的直播间。比如说，我正在直播间分享什么什么内容，或者我直播间有很多超低折扣的产品，或者是我直播间正在分享如何进行服装穿搭之类的。就是你要很明确地给出观众来你直播间的理由，可以是学到知识，买到便宜的东西，甚至可以抽取一波福利等。如果视频不具有吸引力的话，那么广告投放出去了，效果也不会太明显。

在确定下单金额的时候，如果你的广告预算是500元，不要一下子就投500元，而是要100元，100元地进行投放，这样你可以知道，哪个时间段投入产出比比较高。如果直接投放500元的话，可能系统会一下子把你的广告费消耗掉，而你也没有办法优化。你更在意这里有"给观众种草、观众互动、直播间涨粉、直播间人气"等几个选项，你可以根据不同的目的和需求进行不同的选择。

给观众种草的意思是，"分享推荐某一商品的优秀品质，以激发他人购买欲望"的行为，或自己根据外界信息，对某事物产生体验或拥有的欲望的过程；也表示"把一样事物分享推荐给另一个人，让另一个人喜欢这样事物"的行为，类似网络用语"安利"的用法；还表示一件事物让自己从心里由衷地喜欢。如果你更在意给观众种草，也就是在直播间卖货，系统会推荐一些喜欢在直播间买东西的人群给你，这个类型的人群比较容易冲动消费，只要你懂一些直播话术，产品具有不错的性价比，他们还是会进行埋单的。

观众互动的意思是，系统会把一些比较喜欢在直播间打字互动，刷礼物的人群推荐到你的直播间，比如你是做娱乐主播或者是 PK 主播的，收入来源主要是靠观众打赏，你可以选择这种方式。因为这个类型的人群，比较喜欢看热闹，希望在直播间打字互动，刷礼物。当然，你在直播的时候，讲的内容也要比较能吸引人，能够让观众愿意给你刷礼物。

直播间涨粉，就是用户来到你的直播间，你更希望他们关注你，变成你的粉丝，进而你有更多接触他们的机会。直播间给你推荐过来的观众，会是一些比较喜欢关注一些主播账号的观众。

直播间人气，就是直播间的人数，你如果比较在意这个，系统会多推荐一些人到你的直播间，但是可能精准度会比较低，也不便于你后期的转化。但是有的人，希望直播间人数多一些，数据好看一些，所以会选择这种方式，增加直播间人气。

接下来就是选择，想要吸引的观众类型，主要有性别和年龄两个选项，如图 7–13 所示。

选择观众类型　　　确认

性别（单选）

不限　　　男　　　女

年龄（多选）

不限　　　18-23岁　　　24-30岁　　　31-40岁

41-50岁　　　50岁以上

图 7-13　直播间观众类型选择

比如有的主播，只想吸引女性来到直播间，那就选择女，年龄可以根据你想要的年龄段来选择。比如你是卖一些年轻女性用的一些美妆产品和护肤品，那年龄段就可以选择18~40岁。这个具体要根据你想吸引的人群的类型来进行选择。

最后就是选择直播间加热方式了，可以是直播间直接加热，也可以是选择视频加热直播间。依据什么来进行选择，我们前面已经讲过了，两种不同的直播间加热方式的利与弊，根据你的需要来进行选择即可。直播间直接加热，成本会低一些，但是观众精准度低，选择视频进行加热，观众精准度高一些，但是成本会增加不少。

第四节　打　榜

什么是打榜呢？就是在一个人数比较多的主播直播间，通过刷礼物的形式，进入榜一、榜二或者榜三，然后主播为了表示回馈，会让他直播间的粉丝关注你，甚至是和你连麦，让他直播间的观众进入到你的直播间。如果你经常给一个主播刷礼物的话，你们私下里会进行联系，他也可以在直播间向他的粉丝介绍你，从而提升你在他的粉丝中的知名度。这样在你开直播的时候，这些观众有一部分也会来到你的直播间。这是比较典型的电商玩法，很多电商直播都是这样起来的。

很多电商主播刚开始没有粉丝，直播间没有人气，就是通过给一些人气主播刷礼物，获得他们的好感，然后开始谈合作。进行直播连麦，卖电商产品，一方面直接产生利润，另外一方面这个电商主播的粉丝也会增加很多。电商主播通常会提供很多超高性价比的产品或者是送手机等礼物的方式，把人气主播的粉丝吸引到自己的直播间，变成自己的粉丝。

如图7-14这个直播间有3万人同时在线，整场直播下来，观众总人数可能会到10万人，同时在线人数不等于总人数，因为有的人看了一会儿就走掉了。如果你通过刷礼物的方式，一直占据榜一的位置，那么直播间的很多人就会关注你，而且主播也会喊麦，号召大家关注你，这样你的粉丝就会增加很多。不同直播间，榜一加粉的数量不同。有的直播间有10多万人，你刷到榜一，可能涨粉也只有2000~3000个。但是有的直播间人数只有1万人，你刷到榜一，涨粉也会有2000个左右。这主要是看直播间的活跃度，以及直播间真实观众的数量。有的直播间虽然有10万观众，可能有一半以上都是用软件刷的，不是真实的。所以，在你选择在某个直播间刷榜的时候，一定要学会分析，该直播间的热度如何，涨粉如何，是否值得你刷到榜一。

其实不用害怕打榜刷礼物花钱，因为你也会进行直播，你也可以得到一些音浪收入，你还可以带货产生利润。举一个例子，我有一个朋友是做传统企业互联网转型培训的，他的口才非常好，有着非常丰富的演讲经验。当他开始在抖音直播的时候，也和大家遇到一个问题，直播间人很少，发布的视频虽然有不错的播放，但是能够进直播间的人还是很少。我这个朋友脑子很活，马上就想到一个方法，就是给其他的人气主播刷礼物当榜一，和人气主播连麦，把对方的粉丝变成自己的粉丝。当然他也会进行直播，

图 7-14　我是田姥姥直播间

有的时候，那些人气主播要下播了，就会甩榜给他，就是通过连麦，让自己直播间的人都去我那个朋友的直播间。这样他自己直播间的人气马上就上来了，然后他就会分享很多创业、互联网营销、短视频涨粉变现的知识。因为他的确是在很短的时间内就把直播间人气做上来了，所以很多人很信任他，给他刷礼物。毕竟在有着十多年的，线下培训的经验，懂得很多演讲技巧，很多人都会给他刷礼物。有的时候，一场直播下来，他能收到 300 多万的音浪，相比较他给别的主播刷榜花出去，反而还有剩余。他就不断地复制这个方法，慢慢地粉丝就涨上来了，不到 20 天的时间，账号的粉丝就突破了 50 万，全部是比较认可他的粉丝。

要想使用打榜，这种给直播间增加人气的方法。首先，你必须有一定的资金实力，就是你要准备一些钱给其他人气主播刷礼物，占到榜一的位置，当有人和你争榜一的时候，你要有后备资金。涨粉和涨人气比较快的，也就只有榜一、榜二、榜三，后面的基本上涨不了多少粉丝的。其次，你需要会判断哪些直播间的质量比较高，粉丝活跃度和真实性比较高，不能盲目地去刷，当然这也是需要经验积累的，刚开始走一些弯路也在所难免。最后，你自己必须具备一些直播经验，就是把人吸引到你的直播间之后，你要有办法进行变现，或者是通过音浪变现，或者是通过直播带货进行变现，不然的话，你就是白投入了，只是有一个好看的数字而已。

质量越高的直播间，榜一竞争也就越激烈，像罗永浩的"交个朋友"带货直播间，有一次直播的时候，两个女士为了争夺榜一，最后直接都飙到了1000万音浪。就是她们两个，都给罗老师刷了1000万的音浪，每人花费在100万元人民币以上。罗老师的直播间的粉丝，消费能力还是很强的，集中在科技圈，很多都是高收入群体。但是这两个女士，花这100万元人民币来争这个榜一，值得吗？能赚回来吗？答案是不会亏的。这两个女士，一个是做亲子教育培训的，另外一个是专门做直播带货的。做亲子教育培训的，不必说了，可能一场培训下来，就把投入收回来了。直播带货呢，当把罗老师的粉丝变成自己的粉丝之后，可能几场直播就会把投资的钱给赚回来了。而且，当时罗老师宣布，所得的音浪收入全部捐出去。所以，对于不差钱的这两位女士来说，既做了慈善，又增加了粉丝和直播间人气，何乐而不为呢？

第五节　巨量引擎

巨量引擎（Ocean Engine）是字节跳动旗下的营销服务品牌，整合了今日头条、抖音、西瓜视频、懂车帝、穿山甲等产品的营销能力，汇聚流量、数据和内容方面的合作伙伴，为全球广告主提供综合的数字营销解决方案。

巨量引擎和DOU+视频投放的主要区别在哪里呢？巨量引擎是专门的广告投放平台，投放的视频带有广告字样。而DOU+投放的视频，是不能带有广告性质的，否则不会被审核通过。巨量引擎投放的广告，如图7-15所示。

图 7-15　巨量引擎广告投放平台

巨量引擎在广告投放的时候，会更精确，可以细分到手机使用设备、使用的网络、手机运营商、手机品牌、手机价格、抖音达人等。

想要巨量引擎广告投放效果最大化，可以通过更加个性化、自动化，以转化为核心的策略营销与工具，实现效率效果双赢。

（一）确定营销目标

巨量引擎为广告主提供了八大推广目的，满足差异化营销诉求。根据不同的营销诉求，巨量引擎提供了销售线索收集、应用推广、门店推广、抖音号推广、头条文章推广、电商店铺推广六大推广目的，通过选择不同的推广目的，广告主可以实现线上转化、线下转化、互动转化以及商品转化等。

1.销售线索收集

销售线索收集是指用户看完视频后，可以点击链接进入一个落地页，然后如果对商家所提供的服务或者产品感兴趣，可以留下名字和手机号，商家就会得到一个销售线索，然后会安排客服人员进行跟进，从而实现转化。这是一些做教育培训的公司，经常用的一种广告投放方式。信息流广告的流量非常大，像我认识的一个做理财培训的机构，每天可以得到1000多个填表名单，后期转化带来的利润也是非常可观的。他们通常会提供一个免费的培训，就是说填表报名后，可以参加为期多长时间的免费培训，如原价199元，限时免费抢购。然后通过在免费课讲解很多有价值的内容，吸引客户付费报名更高端的课程或者是私人理财服务等。这种类型广告的投入产出比，高的时候能达到1∶5以上。如图7-16是一个实际案例，落地页上有一些话术吸引潜在客户报名免费课程，像理财实战专家线上教学、助你成为理财高手、帮你解决理财难题等。

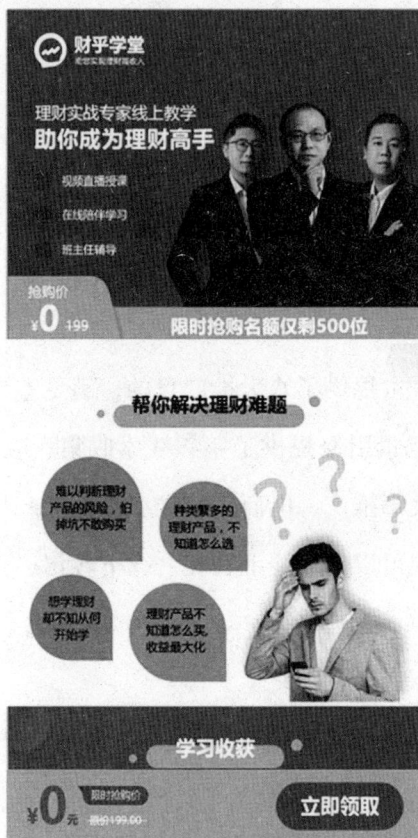

图 7-16　广告落地页

2.应用推广

应用推广是指推广某一款应用程序（APP），像各种小程序、影视APP等。前段时间，有一款小游戏"家长模拟器"风靡全网。这款产品在抖音推广的第一天就斩获3000多万播放量、30多万点赞，最后再累计2亿播放量中转化出1252万新用户。家长模拟器是一款能够让玩家领养一个孩子并且将孩子培养成才的模拟经营类游戏。游戏借鉴了一个真实小孩子成长所需要经历的一切，通过简化步骤，既能够让玩家体验到养孩子的乐趣和辛苦，又有丰富的元素以及较高的可玩度作支撑。这款游戏不是一款纯休闲类游戏，而是一个重内容型产品，开发者在游戏中营造出一个相对完整的世界观，让玩家从生活的点滴细节中体验到人生百态，从而引发玩家的内心共鸣。不一定所有的应用程序，都可以在抖音得到一个较好的推广结果，要结合你的APP的特性，是不是符合抖音用户的口味，等等。但是目前来说，抖音等短视频平台的流量非常大，是可以很好地推广应用程序的渠道。

3.门店推广

抖音信息点门店推广，是一款帮助本地门店进行线上品牌宣传，获取潜在客户，提升门店效果的广告产品。适用于哪些广告主呢？有一定服务半径的线下门店；有连锁业态，需要多地门店推广；餐饮娱乐、旅游、教育、酒店医美等；希望提升门店品牌、认知或线下门店营销效果；有一定的门店运营与客服能力。如果您拥有线下门店，比如本地餐饮，本地婚纱，本地教育，本地零售，本地家居，医美，汽车服务等；如果您希望提升门店的营业效果；如果您希望通过今日头条、抖音，丰富的流量进行线上宣传，获取客户；如果您希望相比以往的落地页广告获得更好的效果转化率；POI门店推广将是您最优的选择！

门店推广是指通过抖音短视频平台线上获客，吸引用户到线下门店消费，比如你是一家婚纱摄影店。在进行广告投放的时候，就可以赠送一张500元的卡券，用户看完广告领取一张卡券，来店里面进行消费的时候，可以抵扣500元或者是赠送同价值的礼品。比如你是一家新开的火锅店，就可以设置一些优惠券，然后进行同城推广，领到优惠券的客户，进店消费的时候，可以抵扣相应的金额。这种广告推广方式，要比传统的在大街上发传单的方式，高效和节约成本很多。

4.抖音号推广

抖音号推广是一款帮助广告主获取粉丝关注、优化原生互动的、具备品效结合能力的产品。该产品有多种玩法以满足广告主的不同需求，如品牌传播、二次营销、借助私信的一次营销、借助推广页的一次营销和协助通过冷启动等。用户看完广告视频可以直接关注抖音号，从而增加广告主账号的粉丝数量。有一段时间，抖音号推广广告价格特别优惠，大概2毛钱一个粉丝，也就是说，10000块钱可以得到50000个粉丝，这是非常划算的。现在呢，单个粉丝的价格已经到了5元左右了。不过如果后端转化效果好的话，还是可以大量投入的。

5.头条文章推广

头条文章推广是指推广头条号的一些文章，增加头条文章的曝光量。比如你为公司某产品，写了一篇软文，需要大量的曝光，就可以选择在抖音平台进行推广，获得比较多的阅读量和关注度。

6.电商店铺推广

电商店铺直投是一款针对电商类广告主特别开发的，以帮助商家提升商品展示量、点击量、转化量为目的的广告产品，高转化与低成本是其两大优势。电商店铺直投新增转化目标"调起店铺"，是以用户最终调起外部APP（如淘宝APP）内的店铺页面为优化目标。在优化过程中，系统模型会自动将选择了该转化目标的广告计划展示在最有可能触发"调起行为"的广告位上，相比于传统的以点击落地页内按钮为转化目标，"调起店铺"将更直接地触达那些转化倾向最明显的用户，进而显著提高转化率，降低转化成本。

电商店铺直投缩短转化路径，从而极大地降低了广告成本，从图7-17可以看出，落地页的转化率是0.32%，而同样的广告和产品，使用电商店铺直投，转化率提升到了0.44%，单个用户到店成本，也降低了很多。转化路径越短，客户流失也就越少，转化率也就越高。所以在我们设计销售流程的时候，尽可能地把成交路径变短，能少一个环节，就不要多。

	落地页	电商店铺直投	调起店铺
convert/show	0.32%	0.44%	0.48%
convert/click	33%	63%	66%
到店成本	￥6.17	￥2.29	￥1.14

图7-17　不同转化方式转化率对比

（二）选择平台流量

巨量引擎可以实现四大协同化流量选择，实现用户的精细化覆盖。通过巨量引擎投放平台，广告主可以通过自动整合流量，智能选择最佳位置，且可以灵活投放，并且可以制作高度匹配广告素材与目标用户群体行为场景的广告位。

平台流量主要分为以下三种：优选广告位、按媒体指定位置、按场景指定位置，如图7-18所示。

设置投放位置

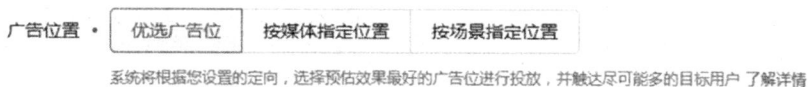

广告位置 ·	优选广告位	按媒体指定位置	按场景指定位置

系统将根据您设置的定向，选择预估效果最好的广告位进行投放，并触达尽可能多的目标用户 了解详情

图7-18　平台流量分类

1.优选广告位

优选广告位是一款自动为广告优选最佳展现位置的托管式智能工具，勾选了优选广告位后，默认为头条系广告位全选，机器自动开启智能投放。

①全面解读行为：机器全面学习广告选位，基于人群各自的阅读行为和广

告行为。②实时优化成本：为每一个目标用户，寻找符合用户阅读行为和转化行为的最佳位置争取展现。③智能分配预算：结合广告分位置转化表现，对广告预算分位置调控，帮助广告在固定预算下获得更多目标用户。④高效提升量级：使用优选广告位可为广告增加更多曝光机会，在控本的情况下高效提升广告量级和消耗。针对不同用户对广告的历史转化行为，优选转化率最佳的位置，根据分位置效果表现，智能分配预算。如图7-19所示。

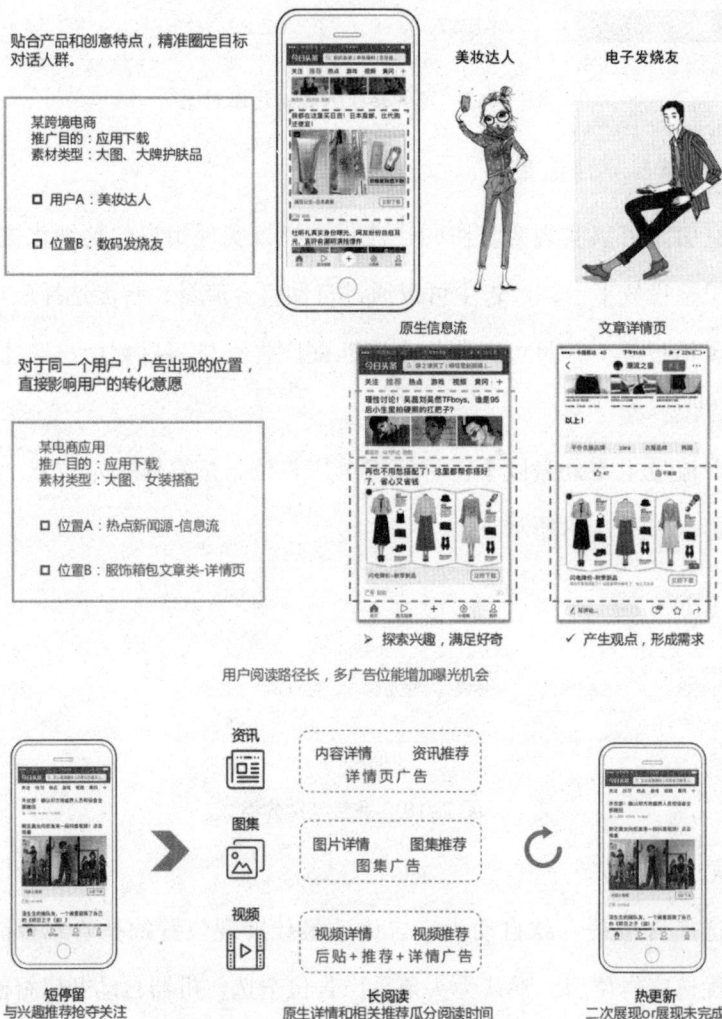

图 7-19　用户阅读路径示意图

2.按媒体指定位置

媒体指定位置有今日头条、西瓜视频、抖音火山版、抖音、穿山甲等，今日头条广告位于今日头条各频道信息流和内容详情页中，信息流入口即刷即有，支持图片、视频等多种样式。西瓜视频位于西瓜视频各频道信息流和视频内容中，样式原生，广告平均曝光时间长。抖音火山版位于火山小视频tab列表页和详情页内容当中，全屏浏览，是移动端最火热的信息呈现方式。抖音位于抖音信息流短视频内容当中，样式原生、沉浸式广告体验，转化率高。穿山甲基于4亿日活用户大数据积累，顶尖AI智能推荐技术，今日头条与最广泛的合伙伙伴携手打造的全新移动生态联盟。支持信息流大图、小图和组图；横版和竖版视频广告；开屏广告。

3.按场景指定位置

按场景指定位置分为沉浸式竖版视频场景、信息流场景、视频后贴和尾帧场景，沉浸式竖版视频场景，全屏沉浸式广告体验，广告展示效率高，转化率高；建议投放视频类素材，包含位置抖音信息流、头条小视频信息流、火山详情页。信息流场景流量大，兼容素材样式较多，包含位置头条信息流、西瓜信息流、火山信息流。视频后贴和尾帧场景与原生内容连接度高；建议投放图片类素材，包含位置头条视频后贴片、头条图集尾帧、西瓜视频后贴。

（三）高效内容生产

巨量引擎提供了多元创意工具，为广告主构建高效内容生产闭环。巨量引擎拥有创意中心、即合平台、星图平台、程序化创意等多元创意工具，构建高效内容生产闭环。例如，广告主可以通过图灵、即视在线图片＆视频生成工具，一键生成优质素材。通过易拍APP可以降低广告主视频制作门槛，提升制作效率。通过即合平台则可以快速批量地生产高质量视频，提升视频广告价值。通过星图平台可以实现高效、便捷、安全的内容交易服务。通过程序化创意，可以帮助广告主提升创意制作效率，优化创意内容质量，实现广告最大价值。

（四）优化广告投放

巨量引擎提供三大投放方式，充分满足不同类型客户需求。通过灵活组合的个性化投放方式，可以精细化覆盖目标人群；通过人机协同的智能优化工具，可以系统定位投放问题，优化提速投放全流程；通过智能投放实验室全托管式自动投放，可以让投放更简单有效。

（五）实现转化闭环

巨量引擎提供了多维预估模型，支持广告主多样性转化目标。巨量引擎拥有从点击率到转化率等重要指标的多维预估模型，以保证投放效果，通过深度数据对接可以实现更深度的目标转化。例如，通过 APP 应用下载，可以优化下载全路径体验，助力获取高意向客户；通过线索获取，线索转化一站式解决方案，有效反哺广告投放；通过鲁班专属营销工具助力商品推广，有效实现商品转化闭环。

以上就是巨量引擎广告投放的具体方式和步骤，这是大部分商家都会用的一种广告投放方式。巨量引擎广告投放能够获利的两个主要要素是：①广告视频做得比较吸引人，能够比较直观地吸引到潜在客户。②掌握一定的投放策略，比如在建立计划的时候，发现某一条广告计划表现比较好，单个获客成本比较低，就可以多建立一些类似的计划，而不是提高该计划的预算。因为某一个行业内，广告系统是有一个广告获客均值的，如果你的广告计划表现特别好，获客单价低于行业均值，那么这条计划的获客成本也会慢慢增加上来。所以通过多建立一些这样的计划，就可以让广告成本降下来。

比如你是通过投放巨量引擎广告，把人吸引到直播间，就可以多制作一些广告视频，建立多个广告计划。因为只有一条计划，起量会比较慢。

假设一条计划，能给你的直播间带来500人，那么10条计划就可以给直播间带来差不多5000人。假设你设置1000元的广告预算，不是说一下子就消耗完了，是需要一定的时间的，有的时候出的价格比较便宜，可能一天都跑不完。因为我们的目的是把人引导到直播间，是进行带货的，所以就需要多设置一些广告计划，把潜在客户吸引到直播间，从而完成我们的带货目的。

在这个章节中，我们主要讲了两种给直播间增加人气和引流的方式。一种是免费流量，不用花钱就可以得到流量的方式，这种方式的好处是不用花钱，但是需要不断地创作出用户喜欢的作品，让作品上热门，才能有比较多的直播间人气。另外一种是付费流量，就是花钱买流量，这种方式比较简单直接。只要通过测试可以赚钱，就可以大量地投放，不需要在作品上面投入太多的精力。可能一条广告视频，就可以投放一个礼拜甚至两个礼拜。我们曾经有一条广告视频，连续投放了1个月，播放总量达到5000万次，收益也不错。那么在实际的运营过程中，到底是该侧重于免费流量呢，还是付费流量呢？这个要根据你的实际情况以及你的团队构成来定的，如果你的团队人员不多，资金上面不是很宽裕，可以把精力放在免费流量上面。如果有一定的广告预算，想比较快地做起来，可以选择用付费流量的方法，也可以免费流量和付费流量相结合，达到利益最大化。

第八章

直播带货精准选品策略

▷

一场带货直播能否取得优异的成绩，离不开三个主要的因素：第一，需要有精准的人群，就是说直播间要有足够多观众，而且是对主播比较了解的，消费能力比较不错的。第二，需要有超高性价比的产品，根据粉丝的用户画像设计产品组合，有低价位的引流产品，有中档产品实现利润，有高档产品体现品牌形象，带动中档价位产品的销量。第三，有一个带货能力较强的主播，当你直播间有了人气，有了合适的产品，还需要一个优秀的主播把产品卖出去。这三个因素都做对做好了，一场直播才有可能取得成功，实现利润最大化。这其中，如何选品是尤为重要和关键的。目前直播带货，还处于一个初期阶段，谁给的折扣力度大，谁的产品就卖的好，销量就多，就是大部分的主播都是使用薄利多销的策略。

不过这种现象，慢慢就会有所好转，回归正常的商品价格。就像刚开始的淘宝，以卖便宜货为主，当后来买家越来越多的时候，商品价格也慢慢提升了。现在直播间带货也是一样，先通过超低折扣的产品，吸引和积累粉丝，跑马圈地。当有了一定的粉丝基础，消费者习惯了这种购物模式之后，商品价格就会慢慢提升，给的折扣也会变少。现在还处于一个什么样的阶段呢，处于以超低折扣的产品吸引消费者，培养购物习惯的一个阶段。那么究竟要如何选品呢，需要注意哪些方面，有没有什么技巧，从哪里选择产品，如何和商家谈判拿到低价，我们本章的内容会一一给大家进行讲解。

第一节　如何通过用户画像定价

一、找到用户画像的方法

通过用户画像选品和给产品定价，首先我们得知道用户的画像是什么，这个是非常重要的。那么如何找到我们的用户在哪里，以及如何分析相关的用户画像呢，我们来看下图8-1。

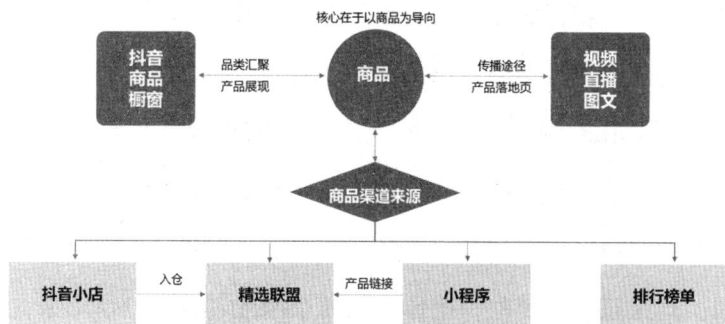

图 8-1　找到用户画像的方法

所有的核心是围绕着以产品作为定位的。我们从左边来看一下，可以通过抖音商品的一个橱窗，也是我们正常所说的，这个抖音电商里面当中最基本的一个攻略，我们要站在这个点当中进行定位。那么往右边来看呢，是通过视频产品落地页来呈现，就是说用户要购买你的商品，需要进入到这个落地页进行购买。落地页来源可能是抖音小店、精选联盟、小程序或者是排行榜单。

比如说一款智能扫地机器人，我们可以通过哪些方式找他的用户画像呢，可以去一些科技论坛或者一些社群搜索，用户对于扫地机器人的吐槽，以及他们的一些问答和讨论等。通过相关的分析可以知道，他们应该大部分居住在城镇地区，收入水平中上，同时因为爱干净，经常需要打扫卫生，潜在需求空间非常广阔。

二、根据用户画像定价的三要素

（一）视频类型风格

在抖音上发布什么类型的视频比较容易火，带货量比较高呢？我总结了一下，大概有这么几种视频类型，情感、搞笑、正能量、帅哥美女、旅游、男女互换、萌娃、萌宠、戏精、新闻、技能分享，等等。每个人都要自我定位一下，看看喜欢拍什么类型的内容，适合拍什么类型的作品，包括在直播的时候以什么样的风格出现在直播间。假如你本身是一个比较木讷的人，却想要拍那种搞笑的视频，很可能没有把观众逗笑，自己先笑了。所以，要充分了解自己的优势和长处，就是你擅长什么，而不是你喜欢什么。你喜欢的东西可能会比较多，但是你要把你擅长的东西搞清楚，把它运用起来。这是至关重要的，把你擅长的东西或者技能分享出来，吸引到喜欢你的粉丝。在开始选品和产品定价之前，一定要先确定你的视频风格和直播间的风格，这和选品是息息相关的。选品的时候，也要选择跟你的带货风格相关的产品才行。

（二）目标价格人群

大部分的人会有这样的一个误区，就是认为要想在直播间卖掉东西，产品价格必须低，其实不完全是这样。刚开始消费者不太熟悉在直播间购买东西，警惕性比较强，怕产品价格太贵，质量不好或者是退换货麻烦。慢慢地，消费者会习惯在直播间买东西这种新的购物模式。如果你一味的低价，吸引的只能是消费能力不强的低端人群。可能你的粉丝中，会有一些对价格不那么敏感，希望买到好货的群体。如果你没有提供一些高价、高品质、高性价比的产品，那么这批粉丝，你就流失掉了。像罗永浩老师的直播间，几千元、几万元的产品也在卖，销量反而也不错，薇娅甚至在直播间卖火箭。这些案例都可以说明，在直播间不是只能卖低价便宜的产品，高价的产品也是可以卖的。这主要取决于你的粉丝的消费能力，所以你要分析你的粉丝的用户画像，看他们都分布在哪些地区，使用的什么手机设备，消费能力如何？如果大部分在一线城市，使用的手机多是苹果和华为，那就意味着消费能力不差，你在直播间就可以卖一些价格稍微高一些的产品。

而且在你直播间人数不多的情况下，卖一些高价的产品，往往利润更高。因为，你产品价格再低，直播间人数少，量也上不去。像有一些在直播间卖高档家具的，一单就可以赚好几千。一天直播下来，可以卖十几单，利润也有几万元。建议如果你直播间人数不多的话，可以适当卖一些高价的产品。

（三）粉丝需求定位

很多主播并不知道粉丝真正需要什么，也不知道什么是粉丝画像，只知道直播间有人，就可以卖东西。结果挑了一些不符合粉丝需求的产品，转化率很低，白白浪费了直播间的资源。而且，大部分主播的思维都还停留在低价上面，认为必须要卖便宜的东西给粉丝。其实，粉丝需要的不仅仅是便宜的东西，他们需要的是性比价高的产品，就是产品可以贵，但是产品质量要好，性价比要高。也有一些主播，在直播间卖房子，卖古玩，卖高档电器等，都卖得不错。一定要明白，直播带货是一种新的销售场景，并不是卖便宜货的杂货店。直播间就是你的线上门店，同样你也可以把你的直播间装饰得很高档，彰显你的品牌形象。很多线下门店的经营策略，也是可以运用到线上直播带货的。

作为一个主播或者是运营人员，一定要充分了解自己的粉丝，知道他们的年龄、性别、地域分布、消费能力等，如果你的粉丝都是一些高消费群体，追求生活品质，对价格不那么敏感。而你在直播间卖的都是一些便宜货，显然不符合他们的消费习惯。相反，如果你的直播间都是一些小城市的，低消费能力的人群，你提供一些高价的产品，显然也是不行的。所以在分析你的粉丝画像之后，再挑选一些合适的产品给他们。也可以在直播间，做一个简单的调查，粉丝需要一些什么样的产品，什么样的品牌，然后直播团队去找品牌方争取一个较低的价格。

第二节　电商直播精准选品策略

电商直播如何进行精准选品，我们从两个方面来进行划分，一个是标品，一个是非标品。标品就是规格化的产品，可以有明确的型号，一年四季都可以卖，产品都大同小异，很多家店铺可能都是在卖一个品牌等，比如笔记本、手机、电器、美妆等。非标品类产品是无法进行规格化分类的产品，比如服装、鞋子等。可能会涉及不同的款式，不同的季节。在你想要做直播带货之前，肯定会有准备，是打算带标品，还是非标品，或者是混着来。

一、标品定位

标品定位这里，我重点讲一下产品理解，在带货之前，我们首先要对标品和非标品有一个产品理解。对竞争对手的情况有一个了解，每一个直播带货的主播都要找到对标的人群，就是我们要研究竞争对手，寻找一个差异化的定位。什么是对标人群，你得知道谁是你学习的对象，并不是完全照搬对方的模式，而是去其糟粕，取其精华。这样你才有可能达到对方的水准，甚至是超越他。曾经互联网上有一句非常流行的话，模仿不是目的，模仿的目的是超越。

作为新手主播，前期定位的时候不要定位太高，我们可以有一个梯度，一个往上的梯度。刚开始我们可以定位，比如这个30万粉丝的网红是我的竞争对手，是竞争对手并不一定是坏事，因为你可以向他学习。他既然做得好，说明这个品类的产品，消费者喜欢，至少方向没有错，那就是模式和策略的问题，我们可以向竞争对手学习他们的策略。当然竞争对手，并不一定所有的都是正确的，比如他可能直播间人气较高，但是产品的组合有问题，还是以低价促销为主，或者是没有高档产品来体现品牌形象，又或者是他带的某一些产品并不符合粉丝的口味。当我们在研究竞争的对手的时候，会发现一些他的问题，我们在自己直播带货的时候就可以避免掉，就不会再跳进同样的坑了。所以，我们要研究竞争对手，研究他直播成功的地方和不好地方。把他成功的地方学习过来，不好的地方给避免掉。那么我们在进行直播带货的时候，会少走很多的弯路，更容易取得好的成绩，达到事半功倍的效果。

不能盲目选择产品。作为主播，你要清楚你的人设是什么？比如你的人设是一个语文老师，在直播间经常分享一些文学相关的知识，你的粉丝都是喜欢读书和文学作品的人。很明显，这样的人设在直播间卖书、字画可以，如果是卖衣服和鞋子之类的，是不符合他的人设的，也卖不掉。所以，你要卖的东西和你的人设一定要匹配才行。你的粉丝过来你直播间，更多的是喜欢听你讲一些文学性的东西，而不是冲着你过来买衣服和鞋子的，这一点你要比较清楚。在选品的时候，不能盲目地选择一些产品，需要是和你的认识比较匹配的产品。

避免低价销售。不要一味地认为，在直播间必须卖低价的产品。这个我们讲过很多次，要去分析粉丝的用户画像，看他们的消费能力如何，然后再确定要带的货的价格。而且我们在设计一场直播带货的产品价格的时候，往往会有3种价格组合，低价产品作为引流产品，中间价位的产品是获利产品，高价位产品是体现品牌形象和中间价位的产品有个对比，带动中间价位产品的销量。如果你直播间全部都是低价的引流产品，那样反而会损害你的一些具有高消费能力的粉丝。在设计产品组合的时候，要中、高、低三种价位的产品都有，比例如何搭配，也是要看粉丝画像和他们消费能力的比例的。

切忌主播穿搭混乱，在直播带货的时候，主播的服装搭配要和整场直播带货的品类相关。比如这场直播带的是给年轻人的美妆产品，那么着装最好是能体现青春气息的服装。如果直播带货带的是高档家具类产品，那么主播最好穿一些能体现贵族气息的品牌衣服。再如卖房子的话，最后就是穿职业装，这样能体现专业性，增加观众的信任感。当正常直播的选品定下来之后，主播的着装风格也要和带货品类相符合，这样更能体现专业性和提升带货转化率。

有一些主播对于产品过于自信，认为直播间人多，卖什么产品都可以卖的掉，不重视产品的卖点和文案，只是简单地介绍产品。我们有时会看到，有的直播间只有 1000 人，一场直播下来，带货也能有 150 万元左右。而有的直播间有上万人，一场直播下来，带货却只有几十万元。这主要有两方面的原因，一个是直播间精准人群的数量，另外一个就是主播的带货能力。起关键作用的主要是后者，一个优秀的带货主播，一定会非常注重产品的卖点和文案，非常懂得制造产品稀缺性和紧迫感。会用通俗易懂的语言，把产品的独特卖点和文案传递到每一个观众，有时会通过现场演示的方式。有些主播会认为，粉丝喜欢我这个人，就一定也会喜欢我卖的这个产品，实际上不是这样的。那么粉丝会怎么想呢？他会想这个产品自己到底是否需要，价格是否是全网最低价，退换货是否方便等。这些才是粉丝真正关心的，而主播要想产品卖得好，就得把粉丝的这些顾虑给打消掉。明确地告诉粉丝，产品是专门为粉丝争取过来的全网最低价，只有多少份，买了可以自己用或者是送人，7 天无理由退换货等。很多粉丝来你直播间，并没有一个明确的购物需求，他更多的是打发时间，作为主播，需要给出一些让粉丝购买的理由。可以从不同的角度来说服粉丝购买，当然低价是一个很好的因素，但是还有很多其他的方式。

二、非标品定位

产品维度，我们不管是通过抖音小店来进行销售，还是外链，像淘宝（天猫）、京东、唯品会等第三方平台，那首当其冲我们得明白，你所卖的这个产品，它的时间节点、人群匹配和市场规律。就是说你把一款产品通过直播，你把它卖起来了，但是这个产品卖完了之后，并不是说你可以高枕无忧，可以一年四季不停地卖，因为它要涉及应季，它是非标品，你在卖的同时，别人也在卖，会不会出现价格战啊，你的利润会不会变少了，等等这些类似的问题会出现。还有一个问题会出现，就是你某一款产品卖火了之后，就会有很多人开始模仿你，跟你卖类似的产品，他们会通过销量排行榜等渠道来发现你这个产品。如果对方的优势比你明显，他们有更好的供应链优势、平台优势等，可能很快你这个产品就不能再做了，需要进行品类的调整。

对于刚起步的网红主播，要不断上新短视频种草，在这里我们可能会面临流量少，供应链缺乏的问题。除了这两个问题，我们还会面临不知道这个款式好不好的问题。对于刚起步的主播，我们可以不断地发布种草视频，两条、三条、四条、五条这种视频。分别带不同的产品去做种草，更多的是介绍这个产品的功能，介绍这个产品的优势出来。有句话讲，东方不亮西方亮。所有的产品，在不断种草的过程当中，一定会有个别产品它会往上冒，往上冒的产品其实变相性也在定位粉丝的人群画像。

我们要找到和其他主播的差异化，很多刚开始的主播会完全照抄别人，学着学着发现自己不会走路了，他们很好奇，为何对标主播的视频火了，自己比着拍一个，播放量却很少，对标主播的直播间人数也不多，卖货却卖得很好。人群不同，可能你的粉丝虽然很多，但是都是泛流量，没有明确的购物需求，而对方的粉丝都是非常精准的人群。如果你带的产品，满大街都找得到，你也可以卖，他也可以卖，没有任何竞争优势，那这个带货没有任何的意义。我们要带的产品，最好是差异化，有独特的优势，以服装为例，是否是设计师款定位，如果是设计师款定位的话，它并不是满大街都是，并不是每个主播都可以卖，这就明确地区分开来了。

不管是大品牌还是小品牌，只要这个产品是个品牌，它就面临着品牌溢价，因为工厂也好，供应链也好，对品牌有重视度的话，它的产品质量也不会很差。产品质量不会很差，它就不会伤害粉丝。

选品攻略对于标品和非标品的定位，大家一定要有真正的理解。选择标品有哪些注意事项，选择非标品有哪些注意事项。根据自己的人设和定位，到底是选择标品还是非标品，这个是需要大家重点规划的。

第三节 选品攻略参考路径

这里给大家4个选品攻略参考路径，从平台人气好物榜定位商品、系统热点定位商品、以精选联盟定位主推商品、站外定位商品。

人气好物榜，根据商品分享热度自动生成，每日十二点更新。最近一天内哪些产品分享热度高、销量好，就会上榜。我们可以根据好物榜来判断，最近哪些商品卖得比较好，消费者喜欢什么类型的产品，给我们自己的选品提供一个参考建议。像现在排在榜一的是一款孕妇连衣裙，人气值6.3万，通过这个我们可以知道最近夏天快到了，连衣裙卖得比较好。那我们在选品的时候，也可以考虑选一些裙子啊，和连衣裙搭配的T恤啊等等之类的。就是说，你不一定要卖和他一模一样的产品，可以选择一些相关联的或者类似的商品来进行直播销售。另外一点，我们还要去分析自己的粉丝画像和他们的消费需求，然后再结合好物榜来选品。通常我们会看榜前20的产品，如果你的粉丝大部分都是男性，很明显，你卖连衣裙不合适。那么排行榜第二的双肩电脑包，就可能适合你的粉丝。然后你还可以进入商品的介绍网页，去看相关的视频介绍和网页介绍。这样你在直播的时候，就知道如何组织相应的语言和话术了。不需要自己坐在那里空想，去把现成的商品资料组合一下就行。因为这个商品卖得好，说明他的视频介绍和网页介绍都还不错，转化率也还行，我们从里面把有关这款商品的独特卖点找出来，变成自己的直播话术即可。我们可以分析判断，好物榜前20的商品，主要分布在哪里品类，是女装、男装、美妆、零食、数码、护肤品，等等。然后再看价格区间，现在可以看到好物榜产品的均价明显上升了，集中在100~300元。之前的时候，均价都在100元以内，说明现在抖音用户习惯了这种直播购物的形式。通过这些数据，我们就能知道，我们不需要只卖便宜货，可以适当地选择一些价格高的商品，因为消费者已经开始习惯买一些价格稍微高的商品了。所以，我们根据人气好物榜来选品的时候，并不是盲目的，看哪个商品靠前，就卖哪个商品。我们是根据一些数据指标，然后结合自己的粉丝画像的实际情况来选品的。我们通过点击商品链接，进入到视频页面，可以看到视频发布博主的账号信息，像粉丝数量啊，粉丝画像，等等。这里我们重点需要看的，就是粉丝的评论，通过这些评论我们可以得到很多的信息。他们对于这个商品的吐槽，有没有其他的需求，使用后的心得体会，价格是否满意，等等。我们可以通过这些数据，来充分了解这款商品的一些数据，从而制定我们自己的直播带货策略。这就是，我们经常用到的潜在用户大数据分析，大家一定要学会这种粉丝画像分析方式。

根据系统热点定位视频和带货商品，比如罗永浩4月1号在抖音直播带货，就是一个大热点，稳居热点榜第一名，打开抖音看到的都是罗永浩带货相关的视频，甚至抖音的开屏广告都是罗永浩。那么紧接着，如果我们想蹭一波热度，就可以发布一些和罗永浩相关的视频。比如有一些主播发的视频就火了，内容大概是"罗永浩你好，我跟你说声对不起，昨天我看了你的视频，但是我没有买你的货"或者是"罗永浩你好，很抱歉，我昨天也在直播，没有看你的直播"，甚至有一些人发布视频来批评罗永浩"罗永浩，你的直播很不成功，应该怎么样怎么样"等等。类似这样的一些视频就上了热门，引起一大波的吃瓜群众去回复、去评论，变相地让这个视频上了热门。通过观察分析热点榜的一些热点，我们就可以选择一些跟热点相关的商品，在直播间售卖。通过以蹭热点的方式拍摄视频，让视频上热门，给直播间吸引人气，然后再卖一些跟热点相关的商品，从而实现利益最大化。

在精选联盟里面，我们可以看到很多爆款好货，各个不同的品类都有，如图8-2所示。可以在精选联盟里面定位我们的主推款式，比如要做直播，精选联盟里面的商品就可以是我们的主打商品。也可以去进行搜索，比如你的粉丝群体大部分是宝妈，你就可以搜索母婴用品，然后会出来很多纸尿裤、奶粉、玩具等之类的产品。你可以根据相关的产品介绍和用户评论以及销量，决定在自己的直播间卖哪些产品。在确定选择一款商品之前，我们可以从以下几个维度来进行考虑和比较。产品排名，在搜索某个关键词时，产品排名越靠前，说明它的综合评分越高，用户满意度也就比较高，可以作为我们的首选产品。产品销售，一款产品的销量决定了这款商品的受欢迎程度，销量越高说明用户的需要量越高。产品好评率，我们要尽可能选一些好评率比较高的商品，这样到时候退货率会比较低，直播带货，退货率一直是比较高的，我们需要选择好评率比较高的商品，来降低退货率。

图 8-2　精选联盟

站外定位商品，我们也可以通过一些站外的平台来选品，比如京东、淘宝、天猫、唯品会、网易考拉、阿里巴巴等，如图8-3所示，把这些平台的一些热卖产品，加入到我们的选品库中来。如果发现某一款产品在站外各平台卖得都比较不错，我们也可以选择带这一款产品，或者是类似的产品。在决定卖某款产品之前，我们要考虑到产品的独特性，能否给到比较低的价格，发货能力如何，售后如何，这些都是我们重点要考虑的因素。另外还要考虑商家的店铺是否是天猫店铺，是否是皇冠店，店铺的综合评分，等等。

图8-3 站外平台

第四节 如何根据自身特点高效选品

作为一个带货主播，必须意识到，你并不是万能带货王，什么产品都能卖，即便你直播间人气比较高。聪明的主播，都会根据自身的特点和粉丝画像进行精准选品，从而提升直播间带货转化率，增加粉丝黏性，沉淀忠实用户。还有的主播，非常苦恼，为啥别人的直播间人气不如我，带货量却比我高，单场直播销售额比我大。这个主要是取决于你的粉丝忠诚度如何，消费能力如何，主播本身的带货能力怎样，是否做到了精准选品。总之记住一句话，粉丝在精准不在多，我们的最终目的是为了卖货，并不是为了数字好看。接下来的内容，会给大家重点讲下如何根据自身特点进行高效选品。

一、达人如何选品：精准分析用户画像

在进行选品之前，我们需要充分了解我们的粉丝画像，知道他们的性别分布、年龄分布、地域分别、设备分别、粉丝兴趣分布、粉丝关注热词、活跃分布，等等。怎么查看粉丝用户画像呢？可以用电脑登录抖音创作服务平台，进入数据管理，点击进入粉丝画像即可，如图8-4所示。

图 8-4　抖音创作服务平台粉丝画像

通过性别分布，我们可以知道我们的粉丝群体中男女比例。如果大部分都是女性，那我们在选品的时候，就要多选一些女性喜欢购买的商品。像美妆产品、护肤品、衣服、家居用品、生鲜等品类，这些是女性消费者比较喜欢买的产品。根据相关数据显示，女性消费占比最高的是家居、家电、生鲜、母婴等家庭消费，占比近40%。第二是和工作相关的消费，占比28%，包括电脑办公、手机数码、图书等。而形象消费位于第三，占比21%，包括服饰鞋靴、个护化妆、珠宝首饰等消费。如果我们的粉丝群体中男性比例较高，在选品的时候，可以选一些科技产品、手机、数码等，像手表、扫地机器人、智能音箱，等等。通过分析我们粉丝群体中男女的占比，就可以来确定我们选品的时候，选择以男性为主的产品，还是以女性为主的产品。相比较来说，女性网购的消费力会更大一些，会更冲动一些。

而男性，是理性消费，一般会考虑比较多，不会那么冲动。

通过年龄分布，我们可以知道，我们的粉丝大概是在一个什么年龄段。如果是集中在24~40岁之间的年轻人居多，那我们在选品的时候，就要多选一些时尚潮流的商品。如果大部分都是50岁以上的群体，那我们在选品的时候，要凸显性价比，或者是尽量选一些低价的产品。因为这个类型的人群，会更注重产品是否实惠，是否便宜，这是他们的主要需求。如果大部分的粉丝都是24岁以下，以学生为主，这个人群没有收入来源，是没有太强的消费能力的，我们可以选一些学生用品为主，低价、实惠、超高性价比，不需要是品牌。依据我们粉丝年龄的分布，可以来决定我们选择什么价位的商品来进行直播销售。

通过地域分布，我们可以知道粉丝大部分聚集在哪些地区，是男方还是北方，分别占比多少？不同地域的人，有着不同的消费和生活习惯。穿衣风格不同、吃饭口味不同、消费能力也不同。比如重庆、四川、湖南的人比较喜欢吃辣，浙江、杭州、上海人吃饭口味偏甜，广州人喜欢穿T恤＋牛仔裤，北方人性格直爽办事急躁，而南方人心思细腻，办事机警。不同地方的人，有着不同的风土人情，我们可以根据粉丝地域的分布情况来布局直播带货商品的品类，如图8-5所示。

地区	占比
广东	12.70%
山东	7.75%
江苏	7.03%
河南	6.33%
四川	5.05%
河北	5.05%
浙江	4.59%
安徽	4.31%

图8-5　粉丝地域分布

　　粉丝的设备分布情况，是我们需要重点分析的一个参数。根据相关调查表明，使用苹果和华为手机的人群，消费能力会高一些，比较喜欢追求时尚。如图8-6所示，使用苹果手机的人群比例是22%，使用华为手机的人群比例是24%，说明这个达人的粉丝人群消费能力是可以的。有差不多一半的人群，使用的是华为和苹果手机。通过这个数据，我们在选择产品的时候，就可以选择一些价位稍微高一些的产品，但是品质要好，性价比要高。相反，如果大部分粉丝使用的手机设备都是OPPO和VIVO，消费能力也就稍微弱一些，就可以选择一些较低价位的商品。当然不能仅凭这一个指标来判断，还可以结合地域和年龄，综合分析得出一个更全面和准确的结果。

　　粉丝兴趣分布情况，可以通过观察粉丝的兴趣分布情况，来了解粉丝的兴趣爱好，如图8-7所示。如果你的粉丝大部分是热爱美食或者是旅行、拍摄类的人群，那么你就可以选择一些美食、旅行装备或数码类产品给到他们，像一些网红自热火锅、登山鞋、潜水相机等之类的产品。如果你的粉丝的主要兴趣是文化教育，那么你可以选择一些书籍和文化用品给到他们。通过分析粉丝的兴趣爱好分布，可以让你更充分地了解粉丝的需求，从而提供一些和他们兴趣相匹配的产品。

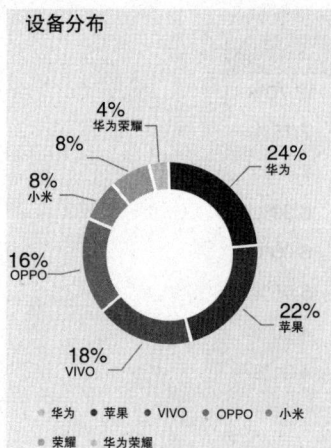

图 8-6　粉丝设备分布

兴趣	占比
拍摄	23.44%
演绎	19.67%
新闻	18.53%
影视	15.20%
生活	7.98%
二次元	4.57%
动植物	4.11%
美食	3.21%

图 8-7　粉丝兴趣分布

粉丝关注热词和新增粉丝关注热词，通过这些数据，我们可以知道我们粉丝最近的关注重点，也能表明他们最近的需要点，如图8-8所示。他们最近关注什么，就说明他们最近对什么感兴趣。我们在选品以及设计直播间文案脚本的时候，就可以用到这里的一些数据。

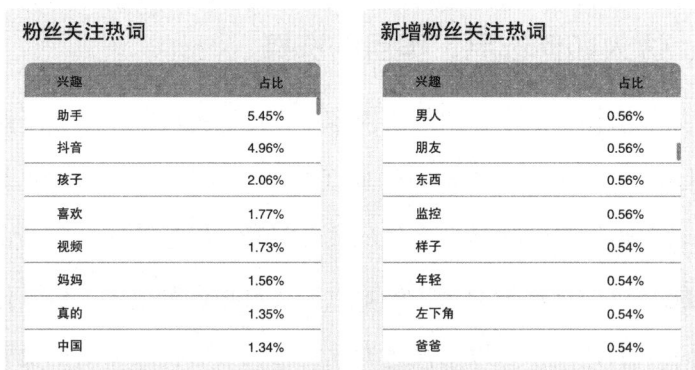

粉丝关注热词

兴趣	占比
助手	5.45%
抖音	4.96%
孩子	2.06%
喜欢	1.77%
视频	1.73%
妈妈	1.56%
真的	1.35%
中国	1.34%

新增粉丝关注热词

兴趣	占比
男人	0.56%
朋友	0.56%
东西	0.56%
监控	0.56%
样子	0.54%
年轻	0.54%
左下角	0.54%
爸爸	0.54%

图 8-8　粉丝关注热词和新增粉丝关注热词

最后一个粉丝画像的数据是活跃分布，如图8-9所示，就是你需要知道你的粉丝群体，重度用户、中度用户、轻度用户、静默用户的比例。如果你的粉丝全体中，绝大多数是静默用户，这就意味着他们不经常刷抖音，那你开直播的时候，他们也基本上不会来，更别提带货了。如果你的粉丝群体中，大部分是重度用户，像上面这张图，76%的重度用户。那么恭喜你，你粉丝在抖音非常的活跃，价值非常高，好好地进行带货变现吧。

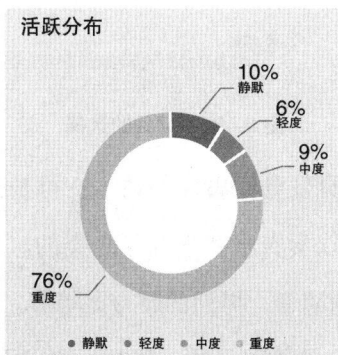

活跃分布

10% 静默
6% 轻度
9% 中度
76% 重度

● 静默　● 轻度　● 中度　■ 重度

图 8-9　粉丝活跃分布

以上就是粉丝用户画像的查看方法，以及不同数据指标意味着什么。当你有了这些数据之后，要运用好这些数据，了解清楚粉丝的消费能力、兴趣爱好、产品需求，等等。这样在进行选品，以及产品组合的时候，才能比较有侧重点，提供粉丝需要的产品。

二、达人如何选品：类目的选择

类目如何选择，一个是达人的内容垂直度，另外一个是粉丝画像，如图8-10所示。我们先看达人内容的垂直度，内容垂直达人，要先做垂直领域产品，做深再拓展其他类目产品。举个例子，你是做3C、游戏的，我们肯定要先把自己的领域做起来，做垂直了，再想做其他的。像其他非专业领域泛娱乐类的达人，可以选择达人比较擅长或者比较喜欢的类目来匹配产品。假如说喜欢美妆，就可以选择美妆类的产品。最正常的，像食品，所有人都适合。

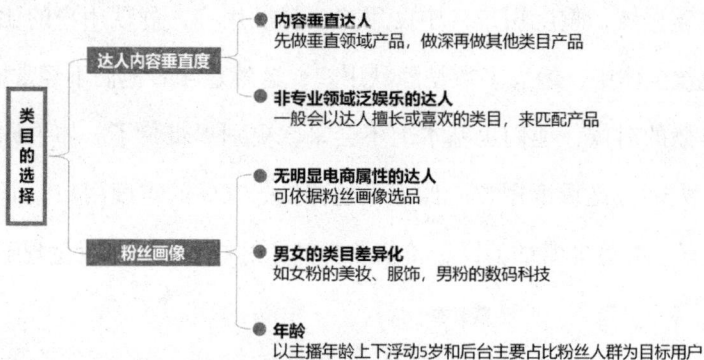

图 8-10　类目的选择

根据粉丝画像，无明显电商属性的达人，可根据粉丝画像选品。如果粉丝中女孩比较多，可以卖衣服和小饰品之类的。如果男孩多，可以卖一些男性的T恤，男性的刮胡刀，男性的腰带，等等。男女的类目差异化，如女粉的美妆、服饰，男粉的数码科技。年龄一般以主播年龄上下5岁，来作为目标用户的年龄。你想，如果主播18岁，让他卖四五十岁偏老年人的产品，那他肯定是不了解的。这是一个新达人，新主播他可以选择的。如果已经有了一定的粉丝基础，就可以根据后台看主要粉丝人群，假如说粉丝人群都集中在18~25岁，他们占了百分之六七十，那我们可以看年轻人喜欢什么，我们就可以进行类目选择。

　　举个例子，看垂直类达人如何选品。第一个，麻辣德子，如图8-11所示，以憨厚朴实的一个形象教大家做菜，典型的山东人，人设亲和，他是一个美食类的达人，他选择的产品肯定是美食相关的，像一些厨具、调料、特产，等等。麻辣德子在抖音有3600万的粉丝，拍摄制作的视频，都简单、精美、实用，很多视频都是爆款视频。像他有一个做无骨鸡爪的视频，非常受粉丝的喜爱，很多粉丝在视频下方评论，能不能让他做一些，真空包装起来，让他们可以购买。看第二个，老爸测评，如图8-12所示，老爸测评主要做美妆产品、一些其他产品的测评，人设真实，容易让人产生信任感，可以围绕健康生活选品，像去甲醛、婴幼儿用品、美妆产品等。第三个，河南你华哥李妈妈，如图8-13所示，他们主要做的是家庭生活类的短视频，非常的搞笑，以拍摄一些搞笑类视频来吸引粉丝。他们可以带当地的特产和美容产品。主播根据自己的人设，带一些当地的特产，会非常受粉丝的喜欢。也可以带一些自己用过的美容产品和日用百货产品等。第四个，阿纯是打假测评家，如图8-14所示，以拍摄打假短视频而出名，很多做打假的不敢真人露面，他这个是露脸的，很受粉丝喜欢，主要带的是一些美妆产品和他自己用过的一些产品。像这些有比较多粉丝的达人，在选品的时候，可以一方面根据自己的人设和视频内容进行选品，另外一方面也可以根据粉丝画像和需求，进行产品适当的优化和调整。

图 8-11　麻辣德子

图 8-12　老爸测评

图 8-13　河南你华哥李妈妈

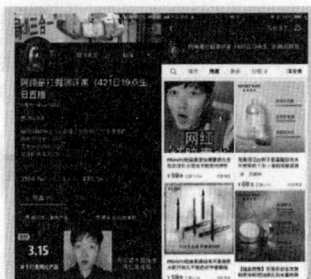

图 8-14　阿纯是打假测评家

三、达人如何选品：产品的定价

我们应该怎么样来为产品定价呢？有哪些方式，根据哪些数据指标来为产品定价，以及怎么样设定合理的价格。

首先，我们设定人设来为主播定产品价格区间，看主播是想走专业型、文化娱乐型、亲民型。专业型是卖比较高端的产品，以知名品牌产品为主，像香奈儿香水、LV包包、欧莱雅护肤品等国际大牌。文化娱乐型以中端产品为主，中低端为辅，就是一些国产品牌的产品。亲民型，主播要侧重的是性价比，产品可以不是品牌，但是价格要便宜，要有较好的折扣。不同类型的人设，会吸引和沉淀下来不同的人群。直播带货的商品价格分为三个类别，高档商品，客单价在200元以上，中档商品客单价是50~199元，低档商品，商品价格在50元以下。根据相关商品分析报告显示，50~199元的商品，在短视频平台和直播间最好卖。

其次，我们根据粉丝使用设备来为主播定产品价格区间，苹果／华为＞OPPO／Vivo／小米＞其他品牌，使用苹果、华为手机的人群，消费能力也稍微高一些，其次是OPPO／Vivo／小米，再往后是其他品牌。一般来说，不管是在大城市还是小城市，年轻人都会选择使用一款较好的手机，因为现在对于拍照和拍视频的需求都比较大。

可以根据粉丝的地域分布，来判断粉丝的消费能力，从而确定选品的价格，当然这个不是绝对的，只是一个参考值。一般来说，大城市人群的消费能力，要比小城市的人消费能力强一些，大城市的人更愿意在改善生活品质上面投入。所以根据粉丝城市的分布，我们也可以作为产品定价的参考。

另外，还可以根据粉丝在直播间的反馈，以及做一个相关的抽样调查，包括我们在直播间售卖商品的销量表现来判断出，粉丝对商品价格的接受程度。

四、达人如何选品：选品四要素

选品有哪四要素呢，如图8-15所示，主要有多样性、品相、品牌、品质四个要素。我们具体来讲这个选品四要素。

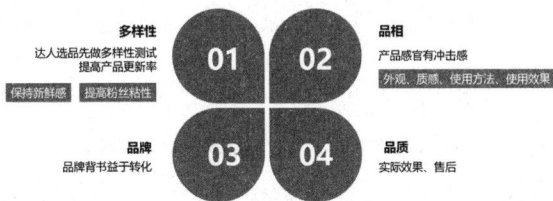

多样性
达人选品先做多样性测试
提高产品更新率
保持新鲜感　提高粉丝粘性

01

品相
产品感官有冲击感
外观、质感、使用方法、使用效果

02

品牌
品牌背书益于转化

03

品质
实际效果、售后

04

图8-15　选品四要素

首先，多样性，达人选品先做多样性产品测试，假如选了20个，粉丝喜欢这5个，我之后可以根据这5个的特点再去选其他的产品。如果只选了一个或者两个产品，粉丝都不喜欢，这样开展起来就很困难。还有就是提高产品的更新率，你不能一直只卖某一个或某几个产品，尽可能每场直播都有新品增加进来。通过不断地更新产品，让粉丝保持新鲜感，增加粉丝黏性。如果你每场直播，卖的产品都一样，也没有太大的更新，粉丝慢慢的也就不会来了，随着流量成本的增加，粉丝沉淀不下来，你的直播带货会越做越难。直播带货一定要注意的，就是要把粉丝沉淀下来，积累一批高黏性用户。怎么样积累呢，就是通过主播的知识分享以及新品的迭代。

其次，品相，选择的产品感官要有冲击感，能够在直播间把产品的外观、质地、使用方法、使用效果展示出来。就是选择，易于在直播间展示的商品，能够把产品的独特卖点展示出来，让用户能够直观地感受到。比如一款非常好用的刀具，为了展现它的锋利和坚硬，一般的刀连续砍排骨肯定会留下缺口，然后为了展示你这款刀的特效，你拿着它连续砍排骨，一下就能把排骨砍断，而且不留缺口。通过这样的展示，非常具有冲击感，让观众信服这款确实好用。再如你在直播间卖一款非常结实、面料很好的丝袜，为了展示它的结实和富有弹性这个特效，你可以在这个丝袜里面放一个大冬瓜，提起来让观众看到，丝袜不会破，把冬瓜取出来之后，丝袜马上恢复了原样。通过这样的演示，观众马上就能感受到，这个丝袜确实非常具有弹性和布料结实。不然的话，你空口在那里说，丝袜多好多好，但是客户不一定相信你说的，人们更愿意相信他亲眼看到的。

再次，品牌，你选择的产品最好有品牌背书。虽然说品牌的产品不一定都好，但是消费者是认品牌的，至少品牌是正规的公司，产品的品质有一定的保证。特别是当某一款品牌产品，在你直播间的价格要比门店的价格便宜得多，会形成一个鲜明的价格对比，消费者马上就感受到了实惠，然后就会抢这个优惠名额。你能够选择的产品，品牌知名度越高，在直播间给出的折扣越大，销量也就会越好。不然，一款没什么名气的产品，你卖得再便宜，消费者也不会觉得便宜。我们需要通过品牌产品的正常售价和我们直播间的一个折扣价，形成一个鲜明的对比，然后给出多少份的特惠价格，营造稀缺性和紧迫感，从而让消费者疯抢。

最后，品质，产品品质一定要好，不要是三无产品，因为现在各电商平台都是7天无理由退货的，如果你的产品品质不好，用户即便下单购买了，还是会退货的。产品的品质和实际效果要和宣传的相匹配，要安排专业的客服人员做售后的工作。比如，如果你卖了一些简易家具和电器之类的，可能需要安装，当客户不会安装，需要咨询客服的时候。如果没有客服回答，客户可能就会进行退款，那就白白损失了一个客户。所以产品品质和售后，都要有所保证才行。

五、达人如何选品：货品来源

货品来源主要有分销平台、自营品牌/联名、合作商、供应链这4种渠道方式，不同的渠道适合不同类型、不同阶段的主播达人，如图8-16所示。

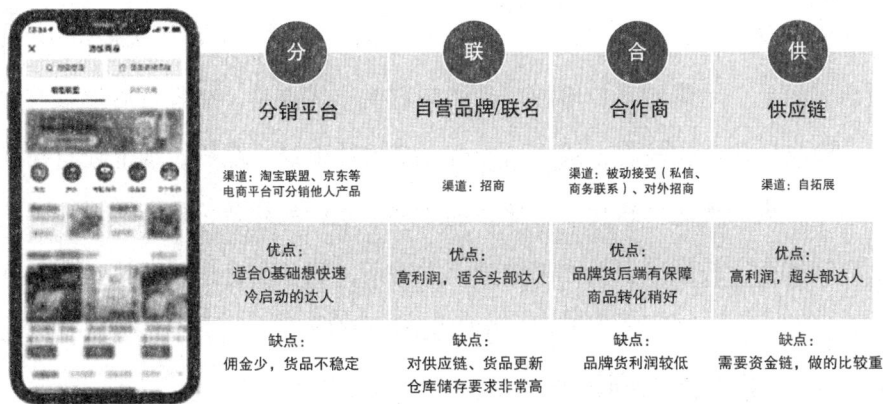

分	联	合	供
分销平台	自营品牌/联名	合作商	供应链
渠道：淘宝联盟、京东等电商平台可分销他人产品	渠道：招商	渠道：被动接受（私信、商务联系）、对外招商	渠道：自拓展
优点：适合0基础想快速冷启动的达人	优点：高利润，适合头部达人	优点：品牌货后端有保障商品转化精好	优点：高利润，超头部达人
缺点：佣金少，货品不稳定	缺点：对供应链、货品更新仓库储存要求非常高	缺点：品牌货利润较低	缺点：需要资金链，做的比较重

图 8-16 货品来源

分销平台，分销平台有淘宝联盟、京东、唯品会、网易严选等，很多电商平台都开通了分销功能。利用分销平台选品的优点是，适合0基础想快速冷启动的达人，只要开通商品橱窗，就可以分销商家的商品。各种类型，各个品类的商品都有。缺点是佣金少，货品不稳定，主播和商家并没有直接的联系，也没有一个较低的折扣。有的时候，商家还会随意地调整佣金比例，或者商品缺货，等等。这就会让主播白费功夫，损失了本来应得的利益。如果达人有较强的带货能力，可以和商家协商，争取到一个全网最低的价格。最好是品牌产品，给达人一个直播间专享价，让粉丝有一种被优待的感觉。

自营品牌/联名，这个可以通过招商来解决货源的问题。优点是高利润，适合头部达人，就是直播间要人比较多，有较强的带货能力。有些自营品牌，可能在互联网上并不是很有名气，需要利用达人的影响力，来提升产品的知名度和销量。有的时候会是主播联名款，比如罗永浩直播的时候，有些品牌商会把自己的商品打上罗永浩专供等，其实就是在外包装上面加了一个Logo，就变成品牌和达人联名款。极大地提升了粉丝的认可度和直播间的商品转化率。这种方式的缺点是，对供应链、货品更新、仓库储存要求非常高。当客户下单后，要能及时发货并且做好售后工作，这些是对自营品牌的一个考验。

合作商，就是跟品牌方合作，这个一般是品牌方主动联系达人主播，帮他们带货以及做广告宣传。有的时候，品牌方并不一定要求销量很高，他们要的是一个影响力，增加产品的知名度。优点是，品牌货后端较有保障，商品转化会比较好，因为消费者本身就知道这个品牌，加上在直播间有一个很大的优惠，转化率会比较高。缺点是，品牌货价格比较透明，给出的利润会比较低。但是如果销量上去的话，收益也会比较不错。和品牌方合作，一般的带货利润是，整场直播销售额的5%~10%不等。达人需要做的是，要争取到比较低的商品价格，让粉丝得到实惠。

供应链，自己做渠道，自己做供应链。这个是需要一定的资金实力和团队实力的，只有头部达人或者是MCN机构才能做成。优点是利润很高，大部分的环节都掌握在自己手里。缺点是，需要自己做渠道，建仓库等，需要耗费大量的人力和财力。像快手带货达人辛巴，一直在弄供应链，辛选家族，但是也没有特别得好。自己做供应链和渠道，还是需要一个强大的团队和资金链的。如果不是特别有实力，千万不要去碰供应链。

六、达人如何选品：达人直播间的货品组合

我们选好产品之后，怎么在直播间做一个货品的组合呢？一般分为引流款、利润款、话题款，也就是我们之前说过的低、中、高三档产品。不同类型的产品，有着不同的作用。有的目的是为了增加直播间人气，有的目的是为了实现整场直播带货的利润，有的目的是为了增加品牌形象，利于达人的宣传，提升达人和直播间的档次。如果达人能够和一线大牌合作，卖一线大牌的商品，那么主播在粉丝心中也是比较有面子的。

引流款产品的主要目的是吸引和增加直播间人气，通过比较低的产品价格，把粉丝和观众吸引到直播间。比如罗永浩罗老师有一次助力湖北的直播中，就在直播视频预告中告诉粉丝，会在该场直播中送出去几万份，1分钱买5斤橙子。也就是说，你有机会抢到这个福利，1分钱就可以买5斤橙子，而且还包邮。很多人，为了得到这个实惠，就会按时来到直播间，结果看着看着，就可能会购买其他的东西。有一次，他还联合哈弗汽车，送出去几辆车，品牌方为何会愿意送汽车呢，因为他们得到了很好的品牌曝光和宣传。老罗每次直播，都会有几百万人观看，而且还会有二次传播。引流款产品的主要特点是，低价品、普适性、做限时/限量的秒杀、利于营造氛围。一般来说，引流款产品的价格都比较低，而且适用性会比较广，当然由于这类产品基本上不赚钱甚至是亏钱，所以要限时、限量。

利润款产品一般是自营的，高利润单品/套装，在直播间氛围良好的时候进行成单转化。一场直播大部分的利润来源是利润款产品，这类产品大多是自营或者是利润比较高的品牌产品。当直播间人气都上来的时候，就可以卖利润款产品。就是说，引流款产品和利润款产品要相结合，进行穿插销售。比如说你是一场美妆护肤品直播，可能你的面膜、爽肤水是引流款产品，基本上不赚钱。但是口红、防晒霜、粉底是利润款产品，有着丰

厚的利润。主播要知道，整场直播的利润来源是利润款产品，要把中心放在利润款产品的介绍和促销上面来。

话题款产品一般是品牌货，有话题性的爆款或者是新品，受粉丝喜爱追捧，有利于达人的宣传。这类型的产品，一般是价位稍微高一些的品牌产品。一场直播，需要有这些产品来提升直播间的形象。不然你直播间卖的都是便宜的小牌子产品，直播间能吸引来的都是消费能力较弱的人群。我们需要通过这种产品，来提升直播间的档次和实力，让观众看到我们直播间也是可以卖大牌产品的，只不过我们可以不用它来赚钱。我们的目的是用来宣传，告诉观众我们有这么个产品，满足一些高消费能力人群的需求。通常这个类型的产品，我们并不靠他走量，只是让大家知道有这么个产品而已。

七、达人如何选品：商品的信息收集

商品的信息收集包括品牌背景、产品卖点、产品使用方法和感受及场景、直播专属价格，这是我们在选品的时候，需要收集的商品信息，在直播之前必须了解到这些信息。有了这些信息之后，我们才能给产品进行定价、组合以及直播排序。在直播带货的时候，我们肯定有一个产品的介绍顺序，依据什么来定呢？主要是依据我们了解到的商品信息和粉丝画像。

（一）品牌背景

品牌背景就是产品的品牌，是国际大品牌还是国产品牌，是一线品牌还是小品牌。有的产品本身名气不大，但是可能他的品牌知名度很高，像广药潘高寿蛋白粉，很多人不知道这个产品，但是提到广药集团，大家都是耳熟能详的，广药集团就是一个很好的品牌背景。像小米之家的很多智能电器，小米就是他们强有力的品牌背景。我们在选品的时候，要看这个品牌是否有名气，是否有强有力的背景。如果既是品牌，又有背景，价格又不高，利润还可以，那就是我们的最佳选择了。

（二）产品卖点

产品卖点，就是能够吸引用户购买的产品功能或者产品工艺等。我们需要的是，产品要有独特的卖点。从字面意思上说，独特卖点是只有你有的卖点，别人没有。没有卖点，或者你有的卖点他也有，等于说没有卖点。好卖点是区分同类产品最好的符号，特别是独家卖点。

具备竞争度，很简单，拿一件T恤来说明。所谓竞争度是别人有的卖点，你也有，而且在某种程度上还比竞争对手的强。比如，在T恤的透气性方面，竞争对手的T恤虽然具有透气这个卖点，但是很多消费者反映，透气的程度还是不够，随便一运动，T恤内里的温度很高，闷闷的，很不舒服。如果拿一个10分的透气指数说明的话，竞争对手产品透气指数为5分，你的T恤透气指数为7分，那么你在透气卖点上就有一定的优势了，同样的卖点，你的产品占了上风。

如何提炼独家卖点，我把它确定为4个步骤。

第一步：了解产品，提炼卖点，首先你要了解你的产品主要能为消费者解决什么问题，并了解产品的属性。其实，要了解一个产品，可以从8方面来下手：①产品的外观；②产品的材料；③产品的工艺；④产品的功能；⑤产品的生产时间；⑥产品的地域文化；⑦产品的适合人群；⑧产品的情怀。基本上，从这8个方面来了解产品，很容易弄明白产品到底有着什么样的功效，并且有很多的卖点浮现在你眼前。当然这还不够，还需要研究你的竞争对手。

第二步：了解竞争对手，提炼卖点。还需要研究你的竞争对手，看看他们有没有什么独家的卖点，或者说是否有存在同质化的卖点。举个例子：同样是卖保温杯，同行们的卖点是什么。所谓知己知彼，才能百战不殆。假设同行都以保温效果好为主要卖点，那么你就不要打保温效果好了，可以换个角度，或者在保温这个卖点上做一次升级。那么怎么升级呢？很简单，对手：保温效果好；你：8 小时锁温。同样都是以保温效果好，但是对手没有把保温这个概念具体化，有点模糊。而你设定的是 8 小时锁温，感觉可以保温一整天的感觉。几字之差，给人的感觉完全不一样了。

第三步：跨行业了解相似产品，真正好的卖点，除了解产品本身之外，还需要借鉴跨行业产品，往往能引出非常不同的思路。比如，白加黑是一个感冒药，刚上市就得到人们的追捧，这主要归功于白加黑这个超级卖点，白天吃的感冒药，不会犯困晚：晚上吃的感冒药，好好睡上一觉，在大众的印象中，凡是吃感冒药都会让你犯困，都会睡觉。而白加黑感冒药不同，灵活地区分开了白天和晚上，毕竟白天上班需要打起 12 分精神来的，如果犯困那就不好了。白加黑这个卖点，其实借鉴的是化妆品行业的早霜和晚霜，可见，不同行业的卖点，是能互相补足的。平时空闲的时候，看到好的产品卖点都收集下来，也许将来有一定可以借用思路。

第四步：确定独家卖点，经过上面 3 个步骤，你已经对产品和竞争对手有了一个很深刻的了解。你的眼前也摆明了很多的卖点供您选用。你最后要做的事情就是确定最后的卖点：具备竞争力，具备辨识度（容易好记），具备唯一性。以上 3 方面是选择卖点的参考指标，直白一点说，是一个独家卖点的硬性指标。

（三）产品使用方法、感受及场景

要把产品的使用方法、用户使用完的感受以及应用场景收集起来。我们以电动牙刷举例，很多人没有用过电动牙刷，不知道怎么用，握法手势如何。然后可以把用户使用电动牙刷的感受收集起来，比如效率更高、更能全面清洁口腔，这个我们可以去一些论坛或者是网络店铺商品下方的评论区找到。场景就是可以在哪些地方使用这个电动牙刷，在家里、出差的时候，给小朋友使用，等等。

我们来看下使用方法，①握法手势，手一定要拿稳，和拿普通牙刷一样，采取握笔法的手势。②从离牙齿稍远的地方，开始慢慢贴近牙齿表面，一个部位大约刷3~7秒。③移动方法，慢慢地、一个一个部位地移动牙刷，不要用手刷，而是任由电动牙刷震动，牙垢多的地方，要多刷点时间。④用完之后在开机震动的时候用流水洗净，然后充分干燥，一定不要煮沸消毒。⑤刷毛张开的话，刷牙除牙垢的效率就会降低，此时需要更换刷头，更换间隔一般为三到四个月。去除牙菌斑，还要配合使用牙线和牙间刷。

产品使用感受，像有的用户这样评价："很好用，买给男朋友的，希望他能认真刷牙，保持牙齿健康。使用感，低档使用感受很好，正在适应中。产品性能，挑了很久选中的，一定很好用！包装与外观，美美的！经典耐看。"还有的用户说，"初用者不太习惯声音。使用感，刷了牙过来的，清洁效果挺好的。产品性能，牙刷就是刷干净牙齿，不错哦！包装与外观，包装精美细致。"

产品应用场景方面，主要是有哪些人在用，在什么场合使用，在什么情况下会用，电动牙刷以年轻人、商务人士、小孩使用居多，在家里或者是外出旅行的时候使用。有的家长，会让孩子在学校也使用电动牙刷。

（四）直播专属价格

比如这个产品全网渠道都是99元，而在你直播间购买只需要89元，但是有一定的数量限制，这就是直播专属价格。让粉丝觉得，只有在你直播间才可以享受这个优惠价格，如果不买，以后就没有这个价格了。如果是价格，和其他电商平台价格一样，没有特别的优惠，那粉丝就可买可不买，很多粉丝就会考虑和犹豫。在直播带货的时候，必须有一个专属优惠价格，并且有数量限制，才能让粉丝下单购买。创造紧迫感和稀缺性，不能给观众太多的思考时间。这个是目前这个阶段直播间带货的核心和精髓所在。

八、商品讲解

在我们选品结束之后，还要做一些商品讲解的准备工作，①传播产品相关专业知识，把产品的专业性知识整理出来，像一款高端面膜，把它的成分、原理和形式整理出来。②介绍产品特点，把产品的一些特点，最好是别的产品不具有的卖点提炼出来。③体验式展示产品，能够在直播间体验式展示产品，让观众有种身临其境的感觉。④强调一手货源，这个需要重点强调，一手货源，没有中间商赚差价，让观众认为产品价格真的便宜。主播最好是能把一手货源的具体信息提供出来，比如厂家是什么公司，地址在哪里？如果只是干巴巴地讲，观众可能会不相信。

九、达人货品选择与展示流程

达人货品选择与展示流程分为产品定位、货品组合、商家谈判、信息收集、货品展示，如图8-17所示。选定了产品之后，要进行相关货品的组合，然后要和商家进行谈判拿到比较低的价格，还要确定库存是否充足，能否及时发货。和商家谈判完了后，再进行商品信息的收集，最后是货品的展示。这些环节，是一环扣一环的，都要做好，才能保证最终一场直播带货的顺利进行。

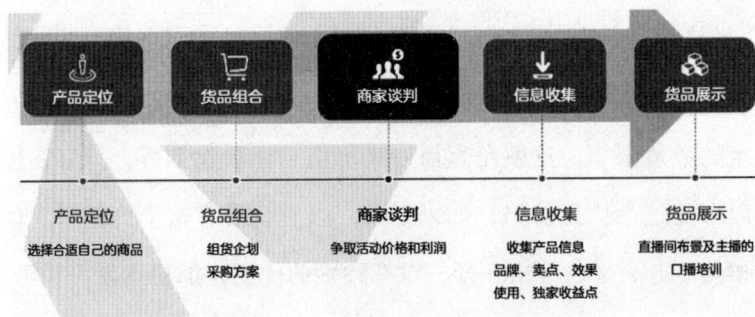

产品定位	货品组合	商家谈判	信息收集	货品展示
产品定位	货品组合	商家谈判	信息收集	货品展示
选择合适自己的商品	组货企划采购方案	争取活动价格和利润	收集产品信息品牌、卖点、效果使用、独家收益点	直播间布景及主播的口播培训

图 8-17 货品选择与展示流程

产品定位是指达人要选择适合自己的商品，如何选择，我们前面已经有过非常详细的讲解。就是达人结合自己的人设和风格，以及粉丝的用户画像来选择适合自己风格和粉丝消费能力的商品。假如你是一个美食类的达人，在选品的时候，尽可能选一些跟美食相关的产品，像网红食品、厨具等；假如你是一个旅行类的达人，你可以卖一些旅行装备、数码产品、防晒霜等；假如你是一个宝妈达人，可以卖一些母婴用品。

货品组合，是指在直播的时候，货品的排序。引流款、利润款、话题款产品怎么布局和排放。什么时间介绍引流款产品，什么时间销售利润款产品，什么时间上架话题款产品，这个是要进行科学设计和排序的。需要运营根据经验和相关的数据反馈，来进行精心设计。货品组合还是非常关键的，比如开场的时候要准备几个引流款产品，以激活直播间的氛围和观众的购买力。无论多少钱，只要观众付费买了你一款产品之后，他对你的信任感就大大增加了，后面你再卖其他的产品，就会容易很多。

商家谈判，通过和商家谈判为粉丝争取到较低的活动价格，为自己争取到适当的利润。与商家谈判也是有一定的技巧的，我们作为达人，同一个产品，肯定希望商家给我们粉丝的价格越低越好。作为商家来说，肯定想多赚钱。我们可以和商家说，现在淘宝站内流量很贵，我们在直播间卖你们的产品，等于是给你们增加了一批新客户，他们很可能会进行二次或者多次复购。而且在直播间，因为是限时限量抢购，那些没有买到你产品的观众，可能会去你的店铺进行购买。再一个，我们也为你的产品和店铺进行了相关的宣传，甚至会出现二次传播。等于你没有花一分钱广告费，就得到了一个很好的广告宣传，只是舍弃了一些相应的利润。通过这样的谈判，有一些商家可能会以商品成本价给到你。就是我们在进行谈判的时候，多从商家的角度去思考问题，往往谈判比较容易取得成功。如果你老是想着自己的利益，商家可能也不愿意和你合作。实际情况是，现在淘宝和天猫站内的流量确实比较贵，很多商家都在开拓新的流量渠道，你如果能和他们长期合作的话，很多的卖家都会进行考虑合作的。商家来源可以是自主招商或者是在一些商家社群那里联系，或者是别人介绍都可以。

信息收集，收集产品的信息，包含品牌、卖点、效果使用、独家收益点，就是把商品的一些核心信息收集起来，进行相关的研判分析，为后期的选品，定价以及产品组合，主播脚本设计提供数据和信息支撑。我们必须充分地了解一款产品，它的成分、工艺、设计、独特卖点、效果、用户反馈、重复消费情况等。有了这些了解之后，我们才能更好地向观众介绍产品。

货品展示，每一款商品在直播间以什么样的形式出现，单纯的口播介绍呢？还是对商品进行功能演示呢？比如一把刀，是不是可以砍一些坚硬的食材，来体现它的锋利呢；一个蛋肠机，是不是可以现场几分钟做一个香喷喷的鸡蛋肠呢；小龙虾，是不是可以现场用锅做一份色香味俱佳的麻辣小龙虾呢。

第五节　直播产品定价指南及高成交套餐组合

很多新手主播可能都会有这样的困惑，在直播冷启动阶段，产品是不是都要9.9元包邮，越便宜越好？不用这种价格是不是就卖不掉东西？粉丝只买便宜货怎么办？我们家的产品客单价高在直播间能卖掉吗？关注主播的福利活动应该如何设计？产品不一定都要9.9元包邮，可以设计一部分低价产品作为引流产品。粉丝在直播间不是只买便宜货，而是会买折扣比较高、优惠力度比较大的货。比如这个商品在店铺是398元，在直播间卖298元，而且是拍一发二，但是限时限量，那么消费者就会感到很便宜，会进行一个抢购的动作。所以粉丝在直播间并不是只买便宜货，而是会买性价比较高的货品，我们需要做的是为粉丝向商家争取到比较好的折扣价格。客单价高在直播间照样可以卖掉，看主播的带货能力和脚本设计，罗永浩在直播间也卖几万元的产品，薇娅甚至在直播间卖火箭，很多主播在直播间卖房子。

关注主播的福利活动，可以是某个便宜的商品或者是到店消费的优惠券。

（一）带货主播产品定价金字塔

引流款产品定价，很多人认为引流款产品是不是一定要亏钱啊。其实不是的，引流款产品主要的目的是增加直播间的人气，可以是平价或者是小赚。这个主要是取决于你的供应商渠道，你如果采购量比较大的话，引流款产品还是可以小赚的。假如说以10双袜子9.9元包邮这个产品作为引流产品，量比较大的话，还是有1元左右的利润的。不过消费者会认为赚到了，因为你是采购的尾单和库存，所以价格比较便宜。因为引流款产品需要长期都有，尽量是平价销售，就是不赚钱也不亏钱，但是也要限时限量，不能让观众觉得，随时都可以买到。如果你直播间人少，那你上架的库存就可以少一些，千万不要直播间有100人，你就送100份，这样起不到很好的作用。每场直播的引流款产品尽量都不要相同，不然老粉丝可能就不来了，在定价的时候不一定非要9.9元包邮，也可以是其他的价格。引流款产品价格尽量不要超过30元，就是最好是平价销售，甚至是亏一点也可以，把直播间氛围和人气做起来。

利润款定价分为直接单品定价和套餐销售定价，直接单品定价就是某款产品单独的价格。比如这件商品原价78元，现在158元拍一发三还有赠品相送。其实虽然原价是78元，但是一般商家都有优惠券的，到手价也不是78元。你跟商家还是要到了一些福利的，比他们直接去店铺买便宜一点。不过你在直播间给观众的感觉是这款商品便宜了非常多。作为一个带货主播，需要具备这种能力，不但能够把产品的独特卖点介绍出来，还要能够让观众觉得产品价格很便宜，大部分的观众并不会去到处比价的。还要学会营销紧迫感和稀缺性，让粉丝进行疯抢。同样一个商品，你直接说这个产品原价78元，现价70元，可能没有几个人买。但是，当你通过一系列的话术和表演，158元拍一发三还有赠品，并且是限时限量，很多人就开始抢了。但实际上，价格并没有便宜多少，最多便宜个几块钱。但是消费者认为，他们买到了实惠，节省了钱，只不过没有他们感受到的那么多而已。

套餐销售定价就更好了，你把一系列的套装进行组合，来一个打包价，一大堆东西，很优惠的价格。这种定价方式，让消费者没有办法再去比较，只有在你的直播间才有这个套装。比如一套美妆护肤品，有面膜、卸妆水、化妆棉、口红、防晒霜、爽肤水等。根据第三方机构显示，利润最高，销量最好的就是这种产品组合套装。一方面，消费者会认为很超值，另外一方面，消费者没有办法进行比价。他们单独去买套装里的产品，确实要贵很多，有些产品在店铺里没有出售，即便有还要单独付邮费，确实增加了成本。大部分的产品类型，都可以进行组合销售。像化妆品套装，服装三件套、茶具组合、零食大礼包、海鲜套餐、红酒组合等。怎么进行搭配组合，要依据你选的行业和领域。有一个达人"海鲜女孩张可爱"，自称是来自海边某渔村的村花，在直播间卖海鲜大套餐，99元一大箱，有小龙虾、有虾滑、有扇贝、有鱿鱼等，满满一大箱，卖得非常好。2000人的直播间，这个套餐能卖1000~1500份。

战略款定价，战略款是什么意思呢？充当着直播间背书信任的角色，怎么理解呢？这里举一个很简单的例子，每年一些大牌汽车厂商都会出概念车，概念车往往是很多年以后才能量产，而且也特别贵，有的可能高达好几亿。为什么这些车企要投入这么大的人力和财力做概念车呢？就是它为了告诉别人，我们的研发是到位的，是顶尖的，我们有强大的研发团队，我们拥有核心和超前的技术。这个概念车往往是给客户看到希望的，展示企业实力的，这种车短时间内是买不到的。但是能做概念车，会让别人觉得他们有实力。同样，比如说我们卖护肤品，我们卖衣服，我们在直播间展示一些价位比较高的产品，来展示我们的企业形象和实力。如果你是一个卖各种产品的达人，你最好能够有一些国际大牌的产品在直播间，并不指望能卖出去多少，而是让观众觉得，一线大牌也和你合作，让你卖他们的产品。这是作为一个带货主播实力的象征，经常有主播在进行一场直播的时候，会说是某某品牌专场。粉丝不是没有购买能力，而是愿不愿意在你直播间购买。你需要知道，粉丝可以说是你的粉丝，也可以说不是你的粉丝。他会看你的直播，也会看其他人的直播，你要做的是能够提供比较好的商品，让他们愿意停留在你这里。如果你卖的都是一些低价、小牌商品，那么那些高消费能力的客户就会流失掉。通过设定一些战略款商品，可以拉升直播间的客单价，沉淀一些高品质、高消费能力的客户。

接下来讲几个案例，来重点说明下如何进行产品组合，高客单价产品怎么卖，价格如何设计，如何给用户种草的超值感。

高客单价大衣怎么卖，比如说这个大衣实体店是599元一件，提前准备了吊牌，吊牌上可能写着3999元。但是今天实体店的活动是什么呢，就是599元可以得到一个组合，大衣+打底衫+墨镜+瘦腿打底裤，平时在店里面买，599元只有一个大衣。现在在直播间购买，599元可以得到大衣、打底衫、墨镜、瘦腿打底裤这个套餐组合。这样我们就实现了，接近实体店的价格，搭配了一些附赠的产品，来实现了高客单价的销售。这里主要用到的就是通过组合一些超级赠品，来吸引客户购买，赠品最好是提供一些高价值、低成本的产品。像上面提到的墨镜、打底衫、瘦腿打底裤，市面上的价格也是参差不齐，但是你在介绍的时候，会说价值多少多少钱，来吸引客户下单。在直播前，产品组合非常重要，我们需要让用户感知到超值。你再便宜，没有让用户感知到，也是没有用处的。相反，你价格没有变，通过赠品的组合，让用户感觉到很超值，这就成功了。所以降价并不是最好的促销策略，可以通过提供一些超值的赠品，来提升销量和直播间的转化率。

卸妆水怎么卖？比如说，我们在直播的时候可能会提到，实体店69元，淘宝同款59元。直播间的活动是39.9元买一发二，49.9买一发二再加10个卸妆棉，当你提供了这个选择的时候，后者这个49.9元的套装会成交得多一些。39.9元和49.9元对于消费者来说，差别不大，就看你后面这个套装是不是让他觉得超值。比如49.9元的活动，只限加入粉丝团的人购买才发货，而且必须是前5名才可以得到这个优惠，这样你会吸引一批人加入你的粉丝团，下次开播的时候，他们会收到提醒，增加了二次销售的机会。实际上，无论是否加入粉丝团，你都会进行发货的。但是观众不知道，以为你会进行审核。主播在直播间表达的意思是，如果你没有加入粉丝团，就算你下单购买成功了，后面客服人员会进行核对的。实际上是没有人来核对的，也没有办法查看。这个就是一个话术和套路，但是非常的管用。我们并没有欺骗消费者，只是一个策略，确实是我们直播间的价格是最便宜的。他们直接去淘宝或者京东购买，价格比较贵。

面霜怎么卖？比如说，实体店卖99元，淘宝同款卖59元，直播间活动39.9元拍一发二，49.9元买一发二+两个护手霜。护手霜在直播过程中被不断地种草，我们买任何产品，都可能带护手霜，它是一个通用的产品。有点像以前的电视购物，比如说我们买一个700多元的电饭锅，觉得挺贵的，但是主持人会一直介绍买电饭锅送给你的一套切水果、切黄瓜的刀具，把赠品介绍得非常吸引人，让你特别想买。这个时候，土持人会说，赠品仅限下单的前10名才能得到。很多人对这个赠品感兴趣，是为了得到这个赠品才去买这个产品。这就是典型的赠品营销，通过塑造赠品的价值，让用户下单购买。这有一个心理学的现象，就是用户会认为赠品都这么好了，产品本身也不会差到哪里去，其实有的时候赠品的成本反而比产品本身的成本还要高。比如说，主播给这个产品的是10分钟时间，可能会花6~8分钟来介绍赠品，说赠品有多好多好，让用户的思维停留在赠品的超值上面，赠品的意思就是赠送、白得的，当你不断地介绍赠品的时候，用户会忘记掉价格。因为价格是产品本身的，赠品是用户可以白得的，你介绍的赠品越超值，消费者会认为他（她）得到的实惠越多。农夫山泉曾经有一款水，40元一瓶，非常的贵，但是销量却非常好，卖断货了，想买还买不到。这款水的名字叫高端玻璃瓶水，售价40块一瓶，据说"带有松软冰雪的气息"。瓶子设计得非常漂亮，让人一看上就会爱不释手。据说，很多人买这个水，就是想得到这个瓶子，放在家里当摆设。就是说，大家买这瓶水并不是因为水本身，更多是因为瓶子好看才买的。实际上这个水和普通的水并没有很大的区别，但是感觉不一样，你喝的时候就感觉是在喝一瓶40元的水，有40元水的价值。就算把普通的水倒进去，估计你也能喝出40元的感觉，这是心理因素。其实很多时候，大部分的人都是视觉消费型，因为看上去喜欢某个东西，就会买它。农夫山泉这款40块钱一瓶的水，就是利用了大家的这种消费心理，我们来看看农夫山泉这款高端玻璃瓶水的瓶子，到底有多漂亮，如图8-18所示。

图 8-18　农夫山泉高端玻璃瓶水

（二）带货直播产品迭代路线

在直播间里的产品线是需要精心设计的，产品线就是你在直播间卖的产品的顺序，在刚起步直播和到稳定成熟阶段的时候，所主打的商品一定不一样，我们举几个例子来说明产品迭代路线。

女装类，是比较适合新手主播启动的，因为女装主播一般都会在直播间试衣服，进来直播间的女粉，看到你在试衣服，都会停留一下，看下这个衣服怎么样，是不是适合自己。你如果经常看直播，会发现女装类直播间人一般都比较多。女装类直播间，要想出单，它要靠款式比较全，价格有优势，有比较好的活动。建议新手主播在刚开始直播卖货的时候，不要选择设计感特别强的衣服，就是那种特别挑身材的衣服。这样的衣服会比较好看，但是在前期刚开始启动的时候，不好卖，因为不是每个人都能驾驭这种衣服。最好是卖那种通款，不怎么挑身材，大多数女性都可以穿的衣服。主播在进行带货的时候，要有一定的路线，比如先卖T恤、上衣外套、牛仔裤、围巾、丝巾等。刚开始尽可能卖受众比较广的服饰，因为刚开始你的粉丝比较杂，各种类型的都有。如果你卖的衣服，都是针对某一类人群的，那么可能转化率比较差。他们可能也认为衣服不错，但是自己穿不了，不适合自己的身材。

护肤类，护肤品相对的毛利比较高，能够拿出来的赠品会比较多，比如说全场只要下单，就送一包原价99元的5片装面膜。大家知道，面膜的利润是非常高的，成本几毛钱一片。有的时候外包装的成本，都要大于面膜本身的成本。即便市面上几十元一片的面膜，成本也不会太高。市面上面膜的售价也是参差不齐的，种类也是非常多。主播在介绍面膜的时候，一定要把它的价值给塑造出来，比如这款面膜有哪些独特的功能，成分含有水解胶原、水解珍珠、燕窝提取物、银耳提取物、明星同款等。要让观众听完之后，非常想得到这款面膜。护肤类，在设计产品迭代路线的时候，新手主播可以卖一些自己经常用的口红、面霜、乳液、眼影，等等。因为是你自己一直在用的产品，你能够介绍得比较清楚，很好地把使用之后的感受表达出来。在直播的时候，可以设计一些引流产品，像口红、护手霜、面膜这些产品可以作为引流，价格相对便宜一些，精华液、BB霜、腮红、眼影、护肤大礼盒等产品作为利润产品。

防晒类，防晒伞可以作为一个引流产品，价格相对比较低，十多块钱一个。然后可以卖一些防晒衣，防晒喷雾，亲子防晒套装，还可以卖防辐射服。防辐射服是一个利润非常高的产品。经常使用电脑工作的人，或者经常使用电子设备的，近期打算要小孩的，这类人群会买防辐射服。

大家要记住，不要像那些大主播那样，卖大而全的品类。假如说你直播间人不多，尽可能选择某一个稍微细分一些的领域把它做到最好，大而全的带货直播竞争会越来越激烈。大而全，你没有办法在某个领域深耕，作为刚起步的主播或者创业团队，最好是选择某一个领域进行深耕，美妆、护肤、服装这些品类竞争非常激烈。像"海鲜女孩张可爱"，就在海鲜这个领域做到了第一名，提到海鲜，大家马上就想到了她，每场直播带货业绩也很不错。你可以仔细地分析一下，你打算在哪个领域进行直播带货深耕。大而全的品类，很难做出特色和名气，反而你选择某个细分领域深耕，可能刚开始做得慢，但一旦做出名气，后面就会出现量变到质变的增长。

第六节　如何利用带货直播带动线下门店客流

可以在实体店里做粉丝团线下专场，就是每周某个时间点举办一个粉丝见面会，提供甜品、饮料等。然后门店的商品，对粉丝团成员有一个特别的价格。其实，在线上直播间走量的产品，一般来说价格稍微低一些。以服装店为例，那些几千元的衣服，在直播间不太容易卖得掉，卖不掉不是因为粉丝没有消费能力，而是消费者还没有习惯在直播间买这样价格的商品。不过在线直播间的客单价也在慢慢上升，刚开始价格超过100元的商品就很难走量了，现在慢慢的提升到了100~300元之间，这个在慢慢的提升。所以，作为门店，你想要卖超过1000元的衣服，需要把粉丝导入到实体门店中来。通过粉丝团见面会，把一些新款产品介绍给粉丝，给他们一个特别的优惠价格。这个主要是针对同城的粉丝，我们在推广直播间的时候，也可以适当地加大同城的流量。

还有一种方式比较好用，不但可以促进线上直播间的销量，还可以带动门店的客流量和出货量。线上线下产品关联，什么意思呢？我们以服装为例，你在线上买的衣服，花了多少钱，都可以在门店抵扣多少钱，等于你在线上直播间是免费得到衣服的。假如你今天在线上直播间买了500元的衣服，那么来到线下门店买衣服的时候，可以抵扣掉500元。这样，很多粉丝会觉得，不用花钱就可以买到衣服了，会增加挺多销量。作为门店，我们得到了线下的客源，因为他们想要把这500元给用掉，就得来门店进行消费。来了门店之后，我们的一些价格稍微高一些的产品就可以推荐给他们，当然会给他们一个粉丝专享价。

在门店设立直播区专享价，这个是线下导流到线上的方式，其实现在线上的流量成本直逼线下，有的行业一个获客成本都超过了50元。这个怎么操作的呢？就是在门店设置一个直播区域，这个区域的产品都有一个直播粉丝团专享价，要想享受这个折扣，需要关注我们的门店账号。这样就把他们转化成了线上的粉丝，当我们开直播的时候，他们不需要来到门店也可以买我们店里的衣服了。来过我们店里的粉丝，在看直播的时候，往往购买意愿更强，只要是他们喜欢的衣服。因为他们来过门店，就算买了穿着不合适，也可以到店里面进行调换。

我们在这里说的线上带货直播带动线下门店客流，主要是同城用户，除非你是连锁门店，在全国各地都有店面。要想通过线上带货直播带动线下门店客流，需要设计好的活动，通过粉丝专享见面会，现金券抵扣，门店粉丝专享价等活动，吸引粉丝来到线下门店购物。

第七节　超级主播的选品策略

超级主播选品都会有一个审核流程，一审商家报名，二审寄样初审，三审团队复审，四审主播终审。超级主播粉丝比较多，直播间人数都是几万人，几十万人，想要找他们带货的商家比较多。所以他们会有一个四审的审核流程，来一一筛选和过滤，可能报名的商家有几千家，最终到主播终审那个阶段的产品，就只有几十种了。如果是小主播，合作商家不多，那尽量每一款产品主播都能参与审核。

一审，需要注意的几个因素是销量、评价和当季，在海选的时候，怎么判断这个商品好不好呢？怎么判断这个商品是否被市场认可？我们可以通过之前产品的销量，在细分类目的销量来判断，如果销量是前几名，说明这个产品的市场接受度还可以。如果销量很低，我们就要了解下销量低的原因，是商家还没有开始推广呢，还是商品不被消费者接受。当销量比较不错的时候，我们可以再看评价，就是好评率多少，如果好评率比较低，用户满意度也比较低，这样的产品就不是我们需要的产品。首先，带货的时候，销量不容易上去，其次，就算卖出去了，退货也会比较多。再次，还要看这个产品是不是当季的款，是四季通用，还是具有季节性，有些商家清仓的款，也会找很多的主播去播。最后，还要看下是否是当季比较流行的产品，每年都会有不同的流行的产品。特别是抖音上面，会有很多的独特化的产品推出来。需要注意的是，在看销量和评价的时候，要辨别下真实性，有的商家会进行刷单和刷评价。

二审，要看这个产品之前有没有播过，在当天的直播有没有竞品，在同一场直播中，不能有竞品出来。比如说，一场直播中，不可能卖两个品牌的爽肤水或者沐浴露等。当有竞品出现的时候怎么办，这个时候要看哪个产品的折扣力度更大，福利更好。或者是在两个竞品之中和商家谈判，比如说同是一款隔离霜，和商家谈，让他们给出更好的折扣和更多的赠品。这个是要注重一些谈判技巧的，可以跟另外一个商家说，这个商家给出了什么价格，你们能否给出更低的价格，能不能多送一些赠品。这个时候，聪明的商家会根据自己的一些成本来报出最低价或者是准备更多的福利，甚至有的商家为了增加知名度或者冲销量带动店铺的总销量，会成本价供货等。

三审，团队开始试用产品，进行产品的评测，有一些专业、负责任的团队会写一些评测报告，还会写出产品的脚本，包含很多的需求，很多的应用场景，很多的独特卖点。在这个审核阶段，要把二审通过的商品，全部试用一遍，把比较满意的产品，写出综合性的测评报告。还要设计出产品的直播脚本，最终给到主播来看。一般比较成熟的大主播，选品团队成员人比较多，像李佳琦、薇娅，他们的选品团队成员可能多达百人。选品团队成员，要做的不仅仅是试吃东西就行了，还要把每一款产品的应用场景和独特卖点提炼出来。有的产品可能非常好，但是市面上雷同化的产品非常多，价格也没有特别的优势，这样的产品就不能过关。

四审，是主播本人，很多负责任的主播都会把所有的产品试用一遍，这样才更能了解这个产品，知道怎么样才能把产品的独特卖点讲出来。根据自己的经验和喜好，来判断这个产品是否可以在直播间卖得好。如果一个主播都不喜欢这个产品，那他（她）在直播间介绍的时候，也不会有太多的热情。作为一个主播，是最了解自己的粉丝的，在试用产品的时候，主播凭感觉就能知道这款产品是否会受粉丝喜爱。

本章我们主要讲了关于选品的一些注意事项和实操。如何了解粉丝的用户画像，如何根据主播自身特点高效选品，以及超级主播的选品策略。在选品的时候，一定要注意挑选符合粉丝需求的产品。然后要设计三种不同类型的产品，以低价产品作为引流，保障直播间的人气；中价产品为利润款产品，保障整场直播的利润；高价产品作为话题款产品，用来提升直播间的档次和品牌形象，拉升客单价。在设计直播间产品线的时候，要合理搭配，中、低、高三档产品出现的顺序，要精心地筹划和合理搭配。通过本章内容的学习，希望大家对选品有一个更深层次的认识，选品选得好，直播没烦恼。

第九章

如何设计高转化直播话术

直播话术对于一场带货直播非常重要，可能同样的直播间人数，同样的场景，甚至是同一个主播，使用的话术不同，产生的业绩也是完全不同的。在设计直播话术的时候，要把产品的独特卖点以通俗易懂的语言表达出来，并且要创造能让观众相信的稀缺性和紧迫感。很多主播在带货的时候，也会强调产品是限时限量的，但是消费者没有那种去抢的冲动。这种直播间买买买的氛围，是需要主播使用话术去营造的。在设计直播话术的时候，需要了解产品的卖点和应用场景，需要清楚粉丝的用户画像，需要知道观众的想法。一套好的直播话术，是能够让直播带货的收益翻倍的。曾经有一个服装门店，刚开始是一个普通的店员直播销售，单场销售额只有几万元。后来经过辅导之后，选了一个金牌业务员，然后精心打磨了一套直播话术，单场直播销售额就超过了50万元。直播带货，绝对不是选一个人在那里播就行了，每一个环节都是需要精心设计的。随着流量成本越来越贵，通过一套直播话术提升直播带货转化率，把粉丝沉淀下来变成忠实用户，变得越来越重要。希望通过本章内容的学习，大家可以设计一套属于自己的直播话术，从而提升直播间的带货转化率以及利润。

第一节　高转化直播话术设计

我们发现，每一个老板在谈到自己产品的时候，都会滔滔不绝地讲好长时间，包含着一种独特的情感在里面。产品是哪里生产的、得过什么奖项、有哪些名人用过、用户反馈如何、有哪些成分等一大堆东西。但是，顾客不会听你讲那么多，顾客只会给你几分钟的时间，只会关心产品能够给他们带来的好处，能帮他们解决什么问题。作为一个主播，要能够在2分钟内，把产品的独特卖点讲出来，把能够给客户带来的好处传递出来，并且还要把稀缺性和紧迫感营造出来。因为一个客户，可能在你的直播间停留时间比较短，你如果一直讲不到重点，他可能很快就离开了，你就失去了和他成交的机会。

我们现在来看一个真实的案例，有一个商家在天猫上卖烤箱，如图9-1所示，他们主要是通过直播的方式来销售，刚开始的时候，主播仅仅是介绍产品的功能，业绩很差，一天下来卖不了几个。后面经过直播话术的调整之后，销量有了突飞猛进的增加。现在来看下，两种不同的话术分别是怎样的，销量为何有如此大的差别。

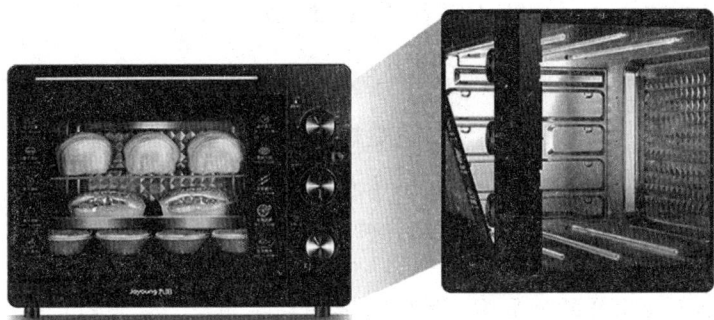

图 9-1　烤箱

第一种直播话术非常普通，可以说是不叫话术，就是简单的介绍产品功能。内容大概是这样的："这个烤箱可以上下管控温，有3种加热模式，更先进，控温更精准。镀锌板内胆，新一代的材质，还配有防爆照明路灯，灯的价格就高达69元，安全又明亮。可以烤肉类、鱼类、蔬菜类、蛋糕类，什么都可以烤。原价299元，今天只卖189元，厂家直接发货，省掉中间环节，非常便宜，大家赶紧下单。"其实，就是在直播的时候，业务人员把产品的功能进行了堆叠，讲了一堆可能客户都听不懂的话，像镀锌板内胆，上下管控温，这些都是专业词汇，很多人都听不懂，甚至感觉吃力。在直播的时候，一定要用通俗易懂，甚至是诙谐幽默的语言，把产品的独特卖点表达出来。客户买的不是产品本身，是解决问题的方案。你需要告诉客户，这个产品能帮他解决什么问题，处理什么烦恼。

我们来看经过精心设计后的第二种话术是怎么样的，超级直播话术："这个烤箱是专门给一家三口开发的，上班前做早餐，可以烤 3 个面包、6 个蛋挞，比早餐店的馒头好吃多了，也更有营养。周末在家做下午茶，烤一个海鲜披萨，6 个鸡翅、6 个羊肉串，全家人一起吃，感觉好幸福。上市公司出品，质量放心。官方旗舰店售价 299 元，今天可以领 10 元的券，到手价 189 元。只有 500 台，很快就会被抢光，喜欢的赶紧抢"。"专门给一家三口开发，上班前做早餐，周末可以在家做下午茶，全家人一起吃"。讲这些东西，是告诉客户产品能给他（她）带来的好处，丰富了生活，节省了时间，提升了幸福感。提升生活品质，是每个人都需要的。你告诉客户，这个产品可以帮助到他们把生活过得更好。他们从心理上更能接受这个产品。"上市公司出品，质量放心"，讲这个是权威背书，让客户相信质量有保障。假如是同样的价格，你是愿意买一个上市公司生产的产品呢，还是一家不知名的小企业生产的产品呢？答案是显而易见的，大部分的人都会选择买上市公司的产品，大牌有保障。"官方旗舰店售价 299 元，今天可以领 110元的券，到手价 189 元"，相比较直接说"原价 299 元，现价 189 元"，这样讲更能让消费者感觉到便宜，让他知道这个产品旗舰店是 299 元，今天比较幸运可以得到一张 110 元的券，只需要花 189 元就可以买到了。最后是"只有 500 台，很快就会被抢光"，制造稀缺性和紧迫感，让顾客快速下单。在直播间卖东西的时候，一定不给给客户太多考虑的时间，只有两个选，要么现在选择下单购买，要么失去购买的机会。不要给他们留太多思考的时间，或者是去各个电商平台比价格，这是直播带货最核心的东西。

通过上面两种不同的直播话术的对比，大家就可以发现很多东西。一种是非常普通的产品功能介绍的堆叠，另外一种是加入了很多营销学的锚点进去。最后产品的价格还是一模一样，但是销量却发生了很大的变化。

为何产品价格一样，直播间人气一样，只是改变了一些话术，结果就有这么大的差别呢。因为后面的直播话术，是基于人的一些心理特点来设计的。人都有拖延的习惯，就是在付款购买之前，都会有很多的想法，这个产品贵不贵，到底质量如何，是不是经常能用到，然后还想去其他电商平台比价格。我们通过限时限量销售，让他没有时间去想这些东西，比如优惠价只有500份，限时2分钟等。通过主播在直播间一些话术的使用，让客户从一个理性的消费者变成一个感性的客户，从而提升直播间的转化率。

第二节　高转化直播话术三板斧

客户来到我们的直播间，大多数并不是直接来买东西的，更多的是为了打发时间，消遣娱乐。主播需要通过三板斧，来激发粉丝的购买欲望，赢得顾客信任，引导他们马上下单。其实每一个顾客，在付款之前，都会有一个心理防线，我们需要打破他们的这个防线，从而达成销售的目的。

第一板斧：激发客户的购买欲望

什么叫激发购买欲望呢？就是顾客来到你的直播间，他的第一个问题就是，我为什么要买？我为什么要花钱来买这个东西？来直播间的观众，大部分都是没有明确的购物需求的。不像去淘宝或者京东，他们是很明确的需要某个东西的时候，才会去搜索。来直播间，更多是一个打发时间和娱乐的目的。基于这种现象，就需要主播去激发观众的购买欲望。而且很多时候，大家并不知道自己到底需要什么，需要有人引导，这也是为什么很多KOL（关键意见领袖）带货很厉害的原因。如何激发客户的购买欲望呢？比较好用的一个方法就是抛出问题，让客户意识到，他们生活中存在或者会以后会碰到这个问题，会为这个问题而苦恼。然后我们再通过推荐的产品，提供解决方案，这样就能激发客户的购买欲望了。

举个例子，让大家明白什么叫抛出问题。比如我们是在直播间卖一款网红蛋肠机。但是你直接介绍这个产品，可能很多人没兴趣，也不会买。我们就可以先抛出问题，你是不是正在为早餐吃什么而苦恼，孩子不爱吃鸡蛋怎么办？每天要早起做早餐很头疼，孩子很喜欢吃热狗可是我不会做，每天早上做了早饭还得刷锅洗碗很麻烦，如何才能做出既营养又好看的鸡蛋肠，如何10分钟就能做出丰盛的早餐等。你把这些问题给提出来，让客户意识到生活中存在这样的问题。然后你提出你的产品，说你这里有一款网红早餐蛋肠机，可以6分钟做出美味的鸡蛋肠，大人小孩都很喜欢吃，可以做热狗蛋卷、原味鸡蛋卷、芝士火腿蛋卷等各种花样蛋卷，如图9-2所示。而且可以亲子互动，给孩子一份难忘的烹饪体验。6分钟早餐速成，煎蛋、蛋包肠，无须看管，洗脸的时间，美味早餐就好了。清洗方便，即插即用，孩子也能轻松做。你把这个产品的一些独特卖点，和能够帮助消费者解决的问题和带来的方便，清楚地表达出来，就能够激发客户的购买欲望。所以激发用户购买欲望的核心就是抛出能够让用户认同的问题，进而通过产品提出解决方案。

图 9-2　网红蛋肠机

第二板斧：赢得顾客信任

当激发起了客户的购买欲望，只是让他们觉得需要这个产品。但是会不会买我们的产品，会不会去各电商平台对比下还不确定，我们需要通过一些方式，来赢得顾客的信任。顾客最容易相信两种人，一种是专家，一种是朋友。作为一个主播，要想办法成为顾客眼里的专家或者是和他们有相同经历的朋友。比如说，你今天身体不舒服去医院看病，医生让你吃什么药你肯定都会听话照做，不会有太多的考虑，因为医生在你心里是专家，你充分的相信他们。另外就是，当你的好朋友向你推荐某个产品的时候，你肯定会看的，因为你相信你的朋友不会随便来欺骗你或者是糊弄你。

作为一个主播，可以通过分享专业知识，成为客户心目中的专家。像李佳琦，就是一个美妆达人的形象，对各种美妆产品非常的了解，尤其是口红，有口红一哥的称号。甚至李佳琦对于美妆产品和护肤品的了解，要超过大部分的女人。要想拥有一种专家形象，你必须选定某一个领域，最好你本身就是某领域的专家，像有十多年治病经验的中医，从业多年的健身教练，教学多年的英文老师，对茶艺非常精通的茶艺师，等等。我经常去一家诊所，这家诊所的创始人是一个有名的中医，是中医学博士，还入选共和国七十周年优秀人才榜单。当我们听到她的这个介绍时，不需要多说什么，就马上在心中产生一种专家形象了。我们还可以通过不断地在直播间分享某个领域的专业知识，来在客户心中慢慢地建立专家形象。比如你是一个育儿类账号的播主，就可以经常分享一些母婴、育儿相关的知识，像宝宝晚上不睡觉怎么办，平时吃哪些东西比较好，如何保护宝宝的皮肤，等等。

你也可以通过分享自己的人生经历，情感故事来获取粉丝的认可。在抖音上，曾经有一个小姑娘，刚刚大学毕业，就走上了创业之路，希望通过短视频和直播实现财富自由。她在直播间和大家分享，在学校的时候摆地摊，开服装店，去男生宿舍卖生活用品，等等。在大学期间靠自己的努力，拥有了100万元的存款。100万元在一些人看来，可能并不是很多钱，但是一个年纪轻轻的小女生，还在读书的时候就能做到，很让人刮目相看。然后她就是不断地分享自己的励志故事，获得粉丝的认可，在她进行第一次直播带货的时候，销售额就达到了140万元。很明显，她通过在直播间的分享，让大家慢慢地认可了她，把她当成朋友，当成小妹妹一样对待。

第三板斧：引导客户马上下单

当你激发起了粉丝的购买欲望，也赢得了他们的信任后，最后一步就是付款下单了。这个是所有环节最难，也是最重要的一步。对于大部分人来说，付款都是比较难的一个决定。付款意味着，他们辛苦挣来的钱要跑到别人口袋去了。特别是，当你卖的产品价格比较高的时候，客户会花比较多的时间进行思考。我们要做的就是通过一些心理锚点，减少客户思考的时间，让他快速决定购买，完成付款的动作。最有效的一种方式，就是限时限量购买，创造紧迫感和稀缺性。比如这款产品店铺价299元，直播间优惠价199元，只有1000份，2分钟内购买可以享受这个价格，2分钟一到产品马上下架。通过这种方式，客户没有时间进行太多思考，因为时间到了，产品就下架了。有的主播可能会想，只有2分钟的时间产品卖不掉怎么办？不用担心的，一场直播你不可能只有一种产品啊，他不买这个产品，下一个产品也有可能买的。我们要的效果，就是让他不要有太多的思考时间。

我们现在来具体看看这三板斧，应该怎么玩，如何激发用户的购买欲望，如何赢得顾客的信任，如何引导顾客马上下单。

（一）激发用户的购买欲望

激发顾客的购买欲望，这里面我们需要理解两句话，第一句话是卖体验，第二句话是货比货。卖体验就是使用产品本身以外给用户带来的感觉，用户体验是一种感觉，是一种价值。货比货就是通过和其他产品对比，来说明我们的产品更胜一筹。

什么是卖体验，描述顾客在各种场景下使用产品，看到、听到、闻到、感受到怎样的幸福。我们在讲产品的时候，无论你是在卖一个手机，一个烤箱，一个护肤品还是一件衣服，你一定要描述顾客在各种场景下用它非常幸福的感觉。顾客买东西，他就是在买一种体验，买一种幸福感，这是他付钱唯一的目的。所以，我们要把这个体验说出来，让顾客真实感受到拥有产品之后的幸福感。非常糟糕的是，绝大多数的商家并不理解什么是卖体验，他们只会卖功能。多数的人，在销售的时候，老是去讲一些功能、材质、原料等，因为他们经常跟工厂打交道，对产品的生产细节比较了解。这些东西，是没有多大用处的，顾客对这些不感兴趣。

我们拿一款香水举例，很多的卖家在销售的时候，会从功能的角度来介绍，比如"包装精美，钻石切割造型，低调奢华的设计。香气持久，显示优雅高贵的气质，健身、约会、逛街都可以用"。大部分的人，在听完这样的介绍之后，是没有购买香水的冲动的。在顾客看来，这些功能上的东西，对他们来说并没有太大的意义。我们现在来看看李佳琦是如何卖一款香水的。他在直播的时候是这样讲的，"这款香水有一种害羞的、奶奶的味道，不甜不腻，刚刚好的奶香味。而且胭粉味一点都不俗气，就有点像宝宝刚刚洗完澡一样的奶香味，很温柔、很恬静，给人暖暖的一个味道，而且这是穿毛衣的时候，一定要喷的香水，优雅而温暖"。我们听完这段话，不管是男生和女生，都有想买的冲动。李佳琦用这段话术，在直播间卖这款香水，2分钟卖了5000+瓶。特别是听到哪句，"穿毛衣的时候，一定要喷的香水，优雅而温暖"，带给大家满满的幸福感。通过两段话术的对比，可以明显感觉到差异。第一段功能上的香水介绍，只会让顾客认为香水还不错，但是没有那种想买的冲动。第二段，李佳琦的这段直播话术，就成功地勾起了顾客的购买欲望。一个优秀的带货主播，是不会去跟你讲太多产品的构成和工艺等，更多的是讲产品能给顾客带来的好处和解决的问题，能够如何提升顾客的生活品质。这个部分总结下，就是用一句话突出产品体验。描述顾客在各种场景下使用产品，看到、听到、闻到、感受到怎样的幸福。

什么是货比货呢？就是描述竞品的弱点，竞品带来的痛苦体验，再描述我们产品的优势，以及我们的幸福体验。货比货的目的，是让顾客摒弃竞品，转而选我们的产品。大多数人的错误话术，是说我们好，有点王婆卖瓜、自卖自夸的风格。我们以一个牛排来举例，"源自澳洲，老少皆宜，原装无拼切，肉质细腻，鲜嫩多汁，肥瘦适中，脂肪均匀，源自澳大利亚牧场，快速物流，锁住新鲜"，这里面都是在说自己的牛排好，但是好像所有的来自澳洲的牛排都是这样说的。我们来看抖音上一个非常牛叉的主播"牛肉哥严选"，在卖牛排的时候，是如何设计自己的直播话术的，"什么牛排健身吃比较好，和牛？ M9？不！脂肪含量太高。牛排啊，分草饲，还有谷饲，在我看来，草饲更适合健身。因为脂肪含量低，肌红蛋白含量高。这一款啊，是我们的阿根廷家庭装，草饲牛排，里面有西冷，有肉眼，还有菲力，通通适合健身，关键一个人吃，换着口味吃，每天吃不一样的，不香吗？那么一块牛排，比你泡一杯蛋白粉还要便宜，你品，你细细品"。

这里面，"什么牛排健身吃比较好，和牛？ M9？不！脂肪含量太高"，是在讲竞品的弱点。大家都知道，健身的人都会多吃一些牛排或者蛋白粉，来补充体内的蛋白质，从而使肌肉长得结实一点。但是很多人不知道，和牛和M9牛排脂肪含量高，可能还以为这种比较贵的牛排，吃起来对健身更有好处。假如你是一个喜欢健身的人，听了这几句话之后，会改变你的认知，可能以后都不敢多吃和牛和M9了，不然健身就白练了。其实就通过这一句话，就很好地把一些竞争对手比下去了，特别是对于健身的人来说。接下来他又说，"牛排啊，分草饲，还有谷饲，在我看来，草饲更适合健身。因为脂肪含量低，肌红蛋白含量高"，这里是在说，他们家牛排的优势，肌红蛋白含量高，特别适合健身的人吃。最后一句话"那么一块牛排，比你泡一杯蛋白粉还要便宜"，是在说竞品的弱点，很多健身的人都会喝蛋白粉，增长肌肉长得快。这里他说，他们家的牛排比一杯蛋白粉还要便宜，不但让你大饱口福，还对健身有益。其实听完牛肉哥这段话，很多健身的人都会选择他们家的牛排。肌红蛋白含量高，价格便宜，还能大饱口福。像用户的这些需求点，前面那段话术是完全表达不出来的。我们在设计直播话术的时候，要围绕用户的需求点来进行设计。这里总结下，货比货就是就是描述竞品的弱点，竞品带来的痛苦体验，再描述我们产品的优势，以及我们的幸福体验。

（二）赢得顾客信任

赢得顾客信任，我们可以从两个方面来设计。一个是权威背书，就是增加产品的权威性，顾客都会选择相信权威。另外一个是用畅销数据，用一些电商数据表面产品销量好，让顾客减少疑虑，相信我们的产品。

权威背书，要用老百姓都看得懂的权威，来给自己背书。大多数人都会用错误话术，用的是只有专业人士或者业内人士才知道的权威，普通的老百姓是看不懂的。我们以一款啤酒来举例，这家啤酒公司本来的广告语是"酿酒师是德国杜门斯啤酒学院进修回来的大师"，这句广告语对于业内人士来说，是很牛叉的。德国杜门斯学院是全世界非常有名的啤酒学院，能够在这个学校进修的人是非常少的。但问题是，大部分的老百姓不知道这个啊。后来广告语改了下，改成了"酿酒师是德国五星级酒店凯宾斯基的酿酒师"，这样大家就都知道这款啤酒的酿酒师厉害了。德国五星级酒店凯宾斯基，大家都知道啊，酒店的环境特别好，很上档次，是这家酒店的御用酿酒师，那肯定差不了。很明显，后面这句广告语，用的就是老百姓都懂的权威，尽管在业内人士看来，在德国杜门斯啤酒学院进修过更能体现一个酿酒师的实力。

我们再看一个服装品牌的例子，这个服装品牌很有名，本来的广告语是"这个品牌获得了CFW时装比赛的金奖"，CFW是一个全世界很有名的时装比赛，很多国际服装大牌都会去参赛，能拿到这个金奖，实力肯定不一般。问题是，普通的顾客不知道CFW是什么啊，他也不大可能去搜索相关的资料。所有就出现一种局面，广告语没有起到预期的效果，业内人士看着很厉害，顾客没有感觉。后面广告语改了下，门店销量一下子就上升了很多，我们来看修改后的广告语是如何的，"香港跨国公司，世界500强公司，他们家的很多高管，比如财务总监、销售总监，也在穿这个牌子"。这样的广告语让顾客看了就很有感觉，原来跨国公司、上市公司的高管也在穿啊，这套衣服是一个职业装，为了提升自己的形象，就会选择买一套。我们可以看到，两种不同的语言，效果却完全不同。这就是，老百姓看得懂的权威的力量。

我们可以从哪些地方来找自己产品或者品牌的权威？可以从权威媒体报道、权威投资人、权威导师、入选高端峰会、供应商服务权威客户、明星顾客好友、高科技行业应用、权威前东家，等等。我们可以从这些方面，来地毯式搜索自己产品的权威，并用老百姓看得懂的语言表达出来。

用畅销数据告诉顾客我们的产品卖得非常棒，用具体的销量数据、顾客评分、好评率、回购率，证明产品畅销。你一个人在那里干巴巴地讲，说自己的产品卖得多好多好，顾客是不相信的。我们要拿具体的数据说话，比如淘宝店铺的销量月销10万+，好评率百分之九十九，回购率有多高，让顾客看到这些真实可见的数据。我们来看一个网红主播，是如何直播介绍一款菜刀的，"这款菜刀，在我们直播间59元包邮，他们已经卖了14万把了，累计卖了14万把，评分4.9分，有30%的客户是老顾客转介绍来的"，这些话就是通过畅销数据，来向顾客传达一个信息，这款菜刀很畅销，这么好的菜刀你们也应该买一把。

如果你产品刚上线，销量不多怎么办？你可以这样讲，一周销量1.3万份，这里面不是说每周都是这么多，你是挑销量最好的一段时间来说。上市当天销量突破8000份，也会让人觉得这个产品很不错，实际上你后面的销量可能已经下滑了，不过你这样说，仍然可以让顾客觉得产品畅销。32%的顾客都会回头购买，用来说明复购率高，顾客为何会选择复购呢，那肯定是产品好啊，从侧面再次说明产品好。好评率99%，用来说明产品顾客满意度高，有时候假如你产品销量不高，你可以从满意度高这个点，来说服顾客购买你的产品。顾客评价4.9分，满分才5分，能够达到4.9分是大大超过行业平均水平的。就是用一些产品具有的数据点，来证明产品畅销，让顾客快速下单购买。我们都有从众心理，相信大家都有这样的体会，去淘宝或者天猫买东西的时候，假如这个商品是零销量，那你很大可能不会去买这个产品。我们去大排档吃夜宵的时候，如果某个摊位排队的人很多，我们也会想要去吃，如果这个摊位没有人，我们基本上也不会去选择它的。所以你会发现，生意好的饭馆会越来越好，生意冷清的饭馆会更冷清。顾客大部分会很懒，会简单地通过你的销量和客户评价，来判断你这个商品是否值得购买。

（三）引导马上下单

价格锚点，展示官方旗舰店价格或者市场价作为高价锚点，再报出自己的直播间低价，形成一个鲜明的价格对比。让顾客觉得，占到便宜了，不买就亏了。比如一件衣服，服装店门店是999元，直播间价格是666元，立省333元，限量20件。顾客一听就觉得机会难得，特别是那些去过门店，知道衣服原价的客户，他们有很大可能会去抢这个优惠。所以很多门店，在直播的时候，老客户转化率非常高。这里需要特别注意的是，要让顾客知道你报出的原价是真实的，因为顾客被欺骗的次数太多了，像天猫双十一，有一些商家会把商品价格调高，然后再降价销售，其实价格没变。

举一个例子，比如一款防晒喷雾原价160元，现在直播间优惠价79元，顾客的感受是，谁知道你的原价是真的还是假的？搞不好，可能是先把价格上调了，然后再降价，其实价格没变。我们来看下正确的做法是如何的，这里看一段直播话术，"79.9元一瓶，天猫旗舰店的价格，我们今天晚上买两瓶，直接减80元。相当于一瓶79.9元，第二瓶不要钱，再给你多减两块，再送你们雪花喷雾，这一瓶雪花喷雾也要卖79.9元"，这里他没有说原价，说的是官方旗舰店价格，大家都知道，官方旗舰店的价格是不能随意更改的。从这方面来说，就可以让顾客认为商品是真的给了一个大大的折扣。在说明你价格便宜的时候，你可以跟官方旗舰店价格对比，也可以和市场上同类型的产品价格对比，但是千万不要和原价对比。官方旗舰店价格和市场上同类型的产品价格，是有公信力的，消费者是认可的。

限时限量，这是最好用的一种直播间促销策略，分为几种不同的方式：第一种是限时特价，到点涨价，比如这款产品原价199元，限时购买99元，只卖2分钟，到点准时下架。你如果在2分钟之内没有购买，就不能购买了，因为你也找不到购买链接了；第二种是限量特价，售罄涨价，就是说只有一定数量的特价，卖完后就自动恢复原价了；第三种是限时限量特价，比如这款产品原价99元，现价69元，只有500份特价，而且只卖2分钟。实际上，可能不到1分钟，500份就被抢完了。用的比较多的，是第三种方式，既限时又限量，在直播间营造一种稀缺性和紧迫感，让顾客快速下单购买。

当顾客来到你的直播间，你要让顾客快速下单，而不是想一想，去别家看一看。顾客一旦离开你的直播间，很可能再也不来了。我们需要让顾客现在马上下单购买，而不是犹豫一下，考虑一下。现在来看下两段不同的话术，通过对比，你就知道如何让顾客现在马上下单了。

普通的话术，"官方旗舰店2包68元，今天直播间特价2包38元！我们跟厂家磨了好久，才磨到这个价格，厂家只给我们500包。抢完了不能补，预售要等10天，你们等吗？"这段话术，是起不到让用户马上下单的效果的，就算我们现在买不到，以后也可以买，很多顾客就会考虑一下，货比三家。

精心设计的话术，"官方旗舰店2包68元，今天直播间特价2包38元，限时限量500包，2分钟内购买可以享受这个优惠价，2分钟过后马上下架。你就只能以68元的价格购买了，而且500包很可能几秒钟就被抢光了，你的动作一定要快"。这段话术，就会让顾客认为，价格很便宜，不马上下单购买，动作慢了的话，可能就抢不到了。

这里总结下，设计直播话术的三板斧。第一板斧，激发顾客的购买欲望，用1~2分钟的时间把卖体验和货比货这两个营销锚点加进去；第二板斧，赢得顾客的信任，用大概1分钟的时间，通过产品的信任背书和历史畅销数据，让顾客充分的信任产品；第三板斧，引导马上下单，用1~2分钟的时间，把价格锚点和限时限量传递给消费者，打消他们拖延的习惯，立刻马上付款下单。在给产品设计直播话术的时候，把这三板斧用好，你的直播带货转化率就会得到极大的提升。

第十章

如何提升直播带货转化率

　　本章内容将从带货主播和助理，常用互动促单配合技巧这个层面，来给大家讲解如何提升直播带货转化率。我们常说，一场成功的带货直播，离不开一个优秀的主播，同样一个优秀的助理也很重要。助理和主播的互动，能够活跃直播间的氛围，创造出一场高转化的带货主播。有关数据显示，助理和主播配合得当的话，能够把带货转化率提升20%以上。

　　稍微年长一些的人，都还记得电视购物曾经风靡一时，很多人都买过电视购物的产品，像手机、茶具、收藏品、按摩椅，等等。电视购物主要是厂家代表和主持人在那里互动，把产品介绍得神乎其神，然后给出一个非常优惠的价格，前多少名打进电话的人才能买到，而且是货到付款，等等。其实电视购物利用的就是一个信息差，买电视购物产品的人，大部分都是边远地区，经济不怎么发达地区的人群。电视购物，本来也是一个很好的营销模式，不过被一些人做烂掉了。为什么这么说呢？因为电视购物的广告成本特别大，厂家不得不压低产品的成本价，来保障充足的利润，这就导致了产品质量不行！直播带货这块，由于一些大牌厂家的入局，产品质量有了保障，而且商家确实让利给了消费者，这种方式越来越受顾客的喜爱。直播带货角色设置是主播和助理，主播主要负责整场直播的产品介绍，助理帮助主播做一些额外的事情，和主播互相搭配。有时候助理会问主播一些问题，或者是主播问助理一些问题，看似很随意的问题，其实都是精心设计好的。目的都是为了促单，都是为了维持直播间的高人气、高活跃、高互动的气氛。

　　直播并不是一个单人的脱口秀，你一个人干巴巴地在那里讲，观众也会觉得很枯燥。直播带货更像是双人说相声，双人相声里面肯定有一个是逗哏，一个是捧哏。仔细想想，你看过的带货直播，有没有助理的影子，像李佳琦的小助理，薇娅的助理姐妹团。

第一节 主播助理工作

我们来看下，助理应该如何和主播进行互动，如何配合主播，来营造一个良好的带货直播氛围。

掌控节奏，控制一些直播间的敏感词，调动直播间的氛围，让大家点个小心心，刷666，或者是关注主播，加入粉丝团。这些事情，是需要助理来完成的，在开场之前，助理可以先和大家互动，简单介绍一下整场直播的流程以及需要的注意事项。

备播品准备，尤其是在一场直播产品比较多的时候，助理要把产品准备好，放在伸手可拿的地方。在直播的时候，助理要及时地把产品拿到直播展台上。不能让主播去拿产品，在整场直播下来，主播尽量都不要消失在镜头中，除了上洗手间等特殊事情。

促单道具，像小黑板、秒表、计算器、电子秤，这些道具是主播在直播的时候常用的，也是助理根据主播这场直播场景给他准备的。小黑板是用来写一些东西的，大家会看到有一些主播会在直播间放一个黑板。写产品的一些信息啊，或者是限时优惠价多少，限量多少，写出来更直观一些，因为你说一遍可能有的人没有听清，把他写出来更直观一些。就像我们看电影的时候，光有声音，没有字幕，就感觉看得很累，把一些关键词写在小黑板上，会让顾客更容易理解。秒表就是计时用的，比如这个产品优惠价限时2分钟，然后用秒表计时，让顾客清楚地知道还剩多长时间，激发顾客下单购买的冲动。计算器一般是用来计算价格，就是这个产品在直播间优惠了多少钱，这个有点模仿档口小老板的意思，我们去一些传统的档口，会发现有的老板还会拿计算器给算价格。为何档口的老板会用计算器呢？一方面是为了计算准确，另外一方面是给顾客看的，因为档口是看人要价的，有的时候人多，不方便直接讲出来，就打在计算器上，让顾客看，怕其他的客人听到。电子秤是用来称量一些东西的，比如说洗衣液，同样规格的产品，我们卖的产品重量要重50g，让顾客感觉到我们的洗衣液性价比更高。

情况应对，有哪些情况需要助理来应对呢？一种是主播离席的时候，比如主播要去洗手间啊，或者突然身体不舒服需要休息一下。主播离席的时候，需要助理和观众进行互动，跟大家聊聊天，或者预告下接下来的产品，不能出现冷场或者直播镜头中没有人的情况。还有一种情况是黑粉、差评的及时处理，差评不是指买了东西的人给的差评，而是竞争对手派人来恶意诋毁你的，这个时候助理可以用敏感词工具过滤掉敏感词，或者是直接把一些黑粉禁言掉。助理也可以用一些小号，打一些正面的言论把黑粉的负面信息顶上去。这些东西都是需要助理做的，主播是没有时间处理这些的，而且这些东西会影响到主播的信息，甚至是影响到整场直播的带货节奏。

自造噱头/问题，助理要学会自己制造噱头和问题，就是没事找事，配合主播成交。当直播间气氛不活跃的适合，助理要制造一些噱头，来增加直播间的热度，活跃直播间的气氛，可以问主播一些问题啊，说一些最近的有争议性的热点啊，或者是揭露主播的一些隐私啊，等等。比如主播向助理提问，你老熬夜，是不是皮肤特别油？助理自造提前策划好的问题提问主播：咱们这个产品能机洗吗？助理筛选粉丝提问的正向问题提问主播：有宝宝问某某某，能用吗？

第二节　主播助理的常见工作类型

一、好奇宝宝型

这种类型的助理，不出境，画外音，和主播互动回答或者提出问题。他（她）不用出现在我们的场景里面，直接在旁边问就行，声音是可以传到屏幕里面，让观众听到的。比如问主播，咱们这个产品都可以在什么地方用，从用户的角度来问主播各种问题，和主播进行互动。当然这些问题，都是在直播前精心设计好的，问的这些问题都是顾客心中存在的疑虑。

二、小白鼠型

这个类型的助理，充当直播模特或者彩妆试色小白鼠，为粉丝"牺牲"。比如一场卖衣服的直播，助理就可以充当模特，来试穿衣服，让顾客看到这件衣服穿到身上的风采，主播主要精力就放在介绍衣服的独特卖点和引导顾客下单上面。如果主播自己试穿衣服，可能就会影响到她的带货发挥。比如在一场彩妆的直播中，助理可以敷面膜，试用化妆品，抹口红，等等，就是以一个顾客的身份，在直播间试用一些产品，把感受告诉顾客。大家可能会有一个疑问，一般不都是主播试用这些产品吗？像李佳琦都是自己试用口红。大家注意，主播试用产品和助理试用产品，效果是不一样的，有的时候顾客会认为主播是一个网红，离自己比较远。而助理是一个普通人的身份，和自己没有距离感，反而能让顾客更加信服产品。有的时候，助理试用产品，能产生更好的效果。

三、复读机型

这种类型的助理，会频繁提示用户关注主播，宣导产品优势，介绍活动。大家可能也都知道，有的直播间，会有一个人一直在那里喊关注主播，花 1 毛钱加入粉丝团，享受粉丝专享价，等等。这样的话，都听烦听腻了，心中会有这样的疑惑，一直不断地这样讲，会有用吗？我们做过相关的测试调查，在主播直播间稳定的情况下，有助理在旁边喊关注主播加入粉丝团，和没有人在旁边喊，关注量和加入粉丝团的人数会相差 10%~15%。像美妆、服装、日用百货好几类的带货直播，我们都进行测试过，还是有很大的效果差别的。

第三节　主播离席补位

长时间直播，主播离席和中场休息时，助理应及时补位维持直播间热度。有的带货直播，可能总时长有 4~5 个小时，这时候中场会有休息，主播要喝水，或者中途去洗手间，助理要及时补位上去，和观众进行互动，千万不能出现冷场或者直播镜头中没有人的情况。甚至有的带货直播，会特别安排助理补位的环节，就是让助理趁主播不在，发一波福利或者是偷偷给出一些产品的特价，更容易增加直播间的销量。

主播不在镜头中的时候，助理主要是提醒观众不要离开直播间，发一些红包福利，和大家互动，以及预告一下接下来的安排。比如接下来，等主播回来了，会给大家一个超级大礼。还有就是引导观众关注主播，加入粉丝团，因为直播间其实热门的时候，每时每秒都有新人进来的。你如果没有人提醒的话，他们是不知道要关注主播和加入粉丝团队的。助理可以说，只有关注主播和加入粉丝团，才能享受到福利，才可以购买产品。甚至为了防止某些观众不相信，可以说不加入粉丝团，就算买到福利产品，也不会发货的。这些话术，是非常行之有效的，用与不用，差别非常的明显。

第四节　主播与助理秒杀促单技巧

一、主播问助理库存还有多少？

助理回答的时候，是要掌握一些技巧的，并不是报出真实的库存。而是要根据直播间人数来回答的，一般是直播间人数的10%。什么意思呢？假如直播间有1万人，那助理就回答库存只有1000单，如果直播间有1000人，库存就是100单。这样的回答，是让顾客觉得这样优惠的价格，数量不多，不买就买不到了。如果说直播间有1万人，你库存有5000单，那就会出现很尴尬的局面，卖不完。宁愿库存少说一些，如果库存很快卖完，有很多粉丝还是抢着要，就可以再增加500单，如果还是很快卖完，就可以再继续增加。一定要有那种，让顾客以为不买就买不到了的感觉，也就是我们经常的说的营销稀缺性和紧迫感。

二、主播安排助理和厂家沟通尽快确认是不是可以129元定价销售？

很多的带货主播，都会使用这样的策略，让助理去和厂家确定是不是可以以某个价格销售。比如原价169元，主播看直播间氛围很好，准备给大家一个大福利，卖129元，让助理去和商家谈价格，然后这边就偷偷地把商品链接上架到橱窗了，让粉丝赶紧购买，不然等下商家说不行，就不能以这个价格卖了。很多粉丝信以为真，感觉是捡漏了，就赶紧抢着下单。实际上，这些价格都是在事项谈好的，这只是一个策略而已。甚至有助理会估计打一个假电话，和厂商进行讨价还价，然后主播这边就直接卖，说是自己补贴也要把这个福利价格送出去。这都是在演戏，演戏给观众看，大部分的顾客是不懂这些套路的。虽然说，这是套路，是营销策略，但是对于直播间的带货转化，却是非常的有效果。这个策略，根据相关的数据统计，可以提升带货转化率15%以上。也就是说，本来你一场可以卖100万元，用了这个策略之后，销售额可以提升到115万元。

主播质问助理为什么价格标错了？这个价格怎么卖？

有的时候主播会故意很气愤地质问助理，怎么价格这么贵，这个价格怎么卖？让助理联系运营，马上改价，改成一个比较低的价格。这样做的目的是，让观众觉得这个主播很负责，对粉丝很好，发现价格错了，马上改过来，会博得粉丝的认可。其实这都是事先排练好的，因为这样做，能够极大地提升直播间的转化率。直播带货，需要应用到很多的技巧和策略，才能成功地把产品卖掉。因为本来观众来你直播间，并没有明确的购物需求，是来打发时间和消遣的，你需要运用这些策略来激发观众的购买欲望，从而完成促单。

本章从各个方面，来讲了主播和助理如何搭配，才能高效地完成一场带货直播。一场带货直播，既需要一个优秀的带货主播，也需要一个优秀的助理来配合主播。主播和助理搭配得当，才能让一场直播更完美地进行下去，完成让顾客下单的目的。很多的老板不重视助理的作用，认为有一个优秀的主播就够了。其实不然，一个好的助理也是非常重要的。优秀的助理能够配合主播，获得更多的订单。

PART THREE
高级篇

第十一章

如何策划一场成功的带货直播

一场成功的带货直播，需要有充足的人气，高性价比的产品，高转化的直播话术，形象、口才俱佳的主播，良好的直播间氛围。人气我们可以通过发布直播预热视频，精心设计直播间封面和标题，利用DOU+加热预告视频和直播间等方式来保障。选品我们需要根据粉丝画像，通过和商家谈判，争取到粉丝需要的高性价比产品。直播话术，我们可以根据主播的风格以及产品的独特卖点来进行设计。主播能力，我们需要对主播进行专业、系统性的培训，如引导力、感染力，把控节奏，卖点提炼等。同时还要通过主播和助理的搭配，营造热闹的直播间氛围，活跃粉丝，抢购促单。直播间有较高的人气，有很多品质好、价格低的大牌产品，又有一套高转化的直播话术，再加上一个优秀的主播，和比较热闹、气氛活跃的直播间，这些要素都具备了，一场带货直播不可能不成功。

第一节　直播预热视频

直播预热分为个人主页信息预热和短视频预热，个人主页信息预热就是在账号主页注明直播的时间，让粉丝知道这个时间，不然很多粉丝不知道你什么时候开播。你直播的时候，如果他（她）没有加入粉丝团，是收不到通知的。通过在账号主页注明直播时间，比较喜欢你的粉丝，就会到时间来看你的直播。比如我很喜欢俞敏洪老师的视频，从上学的时候就学新东方英语，然后看到俞老师晚上八点直播，那我肯定就会提前做好准备了。

短视频预热是指，在开播之前发布一个或者几个直播预告视频，让观众知道直播的一些内容，主要目的是引流。一个直播预告视频，一方面是给粉丝看，另一方面是给陌生用户看的。比如你要开一场卖水果的直播，你就可以发一段预告视频，内容大概这个样子，"今晚8点，我将在抖音开一场直播，现场会送出1000份，1元购5斤苹果的优惠套餐，我们有自家的果园，绿色有机，不打农药"，粉丝包括很多陌生的顾客，看到这样的视频，大部分都会来直播间。因为有机会花1元得到5斤苹果，另外就是果园原产地直销，想看下到底怎么样。其实这个策略，有点像超市1元一斤鸡蛋的套路，一斤鸡蛋一块钱很明显是亏本的，所以每人限购1斤。但是顾客来了超市，不可能只买一斤鸡蛋都走了，大部分还会买点其他的商品。最终统计下来，还是有利润的，如果是亏本，商家肯定不会做这样的活动的。直播带货也是一样，虽然送1000份1元5斤的苹果，但是肯定不是直播一开始就送，而是直播进行到一半或者快结束的时候，如果你想要领取这个优惠，就得在直播间等着，在等的这个过程中，主播就有很多成交的机会。因为直播话术设计得非常诱人，价格又比较便宜，品质有保障，很多人都会买一些。整场直播下来，相比较获得的利润，1000份1元5斤苹果实在是不值得一提。

我们来看几个直播预热视频的案例，第一个是朱瓜瓜，帮助各种品牌开直播专场，不到10万人的直播间，单场销售额能突破3000万元，甚至有带货女王之称。有的粉丝留言说，"躲过了李佳琦，逃过了薇娅，最终还是臣服于朱瓜瓜"，什么意思呢，就是看李佳琦的直播和薇娅的直播，都没有买东西，看朱瓜瓜的直播，实在是忍不住，不得不买。朱瓜瓜在直播的时候，很能煽动人的情绪，让你不买东西，就会感觉很难受。我们来看下她的直播预热视频，是如何做的。

朱瓜瓜珀莱雅带货专场直播预告视频，如图11-1所示，"100万粉丝小主播，豪横要卖3000万珀莱雅，把珀莱雅的库存卖空，珀莱雅官方提供历史最低价，比以往任何活动都要低，想要福利和见证瓜瓜奇迹的宝宝们，晚上8点一定要来直播间哦"。100万粉丝小主播，单场直播卖货3000万，这在很多人看来是一件不可思议的事情，很多几千万粉丝的主播，单场直播都卖不了这么多货，这句话讲出来就能一下子抓住大家的眼球，想进来看看，朱瓜瓜要怎么做到，到底是不是吹牛。还有一些人只对产品感兴趣，对你卖多少货没感觉，那接下来这句话就能吸引他们，珀莱雅官方提供历史最低价，比以往任何活动都要低，珀莱雅的一些老客户看到这则消息，也会过来直播间的。所以这则预热视频，就很成功，不但能够抓住全网很多人的注意力，而且也能把珀莱雅的老客户吸引到直播间，一举两得。

图 11-1 朱瓜瓜直播预热视频

我们再来看罗永浩老师的一个直播预热视频，如图 11-2 所示，罗永浩老师第一场直播销售额就高达 1.7 亿元，在直播前发了 8 个预告视频，成功吸粉 500 多万人，为首场直播打下了良好的粉丝基础。

图 11-2　罗永浩直播预热视频

　　预热视频内容大概是这个样子，"大家好，我是老罗，除了超高性价比的优质商品，我们也会选很多新奇特的好东西介绍给大家，不管你推荐的是'卫星'还是'火箭'，你敢推荐，我就敢卖。如果你也有什么新奇特的好东西，欢迎拍视频推荐给我们，也许我们将来可以一起直播卖货，4月1日晚八点，我在抖音直播间等你们。"这段视频获得了47.7万个点赞，3.9万的评论，1.1万的转发量，播放量保守估计有500万以上。这个视频，不但预告了直播的时间和内容，还具有传播性和话题性，很多观众在视频下面留言和评论。

第二节　直播间封面标题如何设置

很多的主播并不是很重视封面和标题，封面和标题设置得比较有吸引力，能够给直播间带来很多的流量，特别是同城的人群。那么标题和封面应该如何设置呢？直播间的标题设置控制在10个字以内，引导顾客点击，可以从产品的独特卖点，为用户着想，具有利益点、能捡漏等方面来进行设计。例如，董明珠直播间带货啦，保温杯直播间一元购，夏季必买产品来啦。保温杯直播间一元购，就非常吸引人，能够引导顾客点击，保温杯是这场直播的一个福利产品，只有1000份，谁抢到是谁的。千万不要欺骗大家，标题里面写保温杯1元购，直播间根本没有这个产品，这样会流失掉很多的顾客，一定要守诚信。

视频封面要是1：1的高清图，内容要写得比较有吸引力，比如封面是一个美女，能够吸引很多的男性。如果是卖水果的，封面可以是一个诱人的榴莲或者大芒果。如果是卖零食的是，封面可以是某一款畅销的零食，加上一个很醒目的折扣价格等。

第三节　脚本的重要性

直播更多需要的是耐心，系统化的直播流程，可以缩短新手上路的时间。一场直播，每一个阶段应该做什么，开场怎么讲，中间怎么和观众互动，如何收尾。某些卖得不好的品，如何以及什么时间二次销售，都会有一个固定的流程，这样新手主播可以按照流程来，如图11–3所示，更容易上手一些。直播脚本保证了一场直播的稳定，方便主播控制节奏，有了直播脚本，主播心态上会更轻松一些。当然并不建议主播从头到尾比着脚本念，也会显得比较生硬，只是偶尔看一下脚本就行了。在脚本里面，可以提前准备一些玩法，和观众互动的玩法，以及主播和助理之间的互动，这样更能调动直播间的气氛，如图11–4所示。

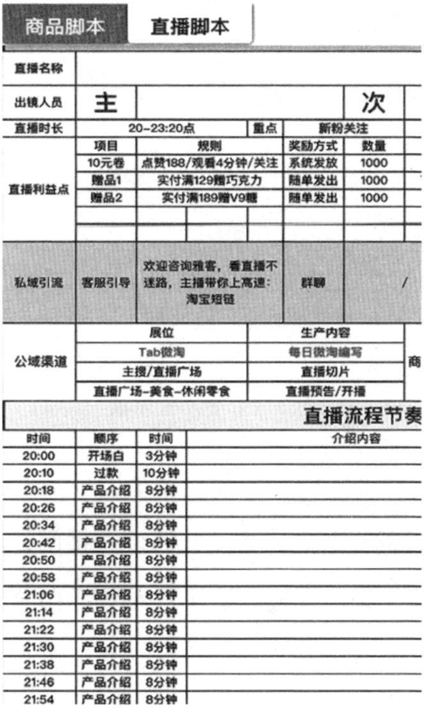

商品脚本　直播脚本

直播名称					
出镜人员	主			次	
直播时长	20–23:20点		重点	新粉关注	
直播利益点	项目	规则	奖励方式	数量	
	10元卷	点赞188/观看4分钟/关注	系统发放	1000	
	赠品1	实付满129赠巧克力	随单发出	1000	
	赠品2	实付满189赠V9糖	随单发出	1000	
私域引流	客服引导	欢迎咨询雅客，看直播不迷路，主播带你上高速：淘宝短链	群聊	/	
公域渠道	展位		生产内容		商
	Tab微淘		每日微淘编写		
	主搜/直播广场		直播切片		
	直播广场–美食–休闲零食		直播预告/开播		

直播流程节奏

时间	顺序	时间	介绍内容
20:00	开场白	3分钟	
20:10	过款	10分钟	
20:18	产品介绍	8分钟	
20:26	产品介绍	8分钟	
20:34	产品介绍	8分钟	
20:42	产品介绍	8分钟	
20:50	产品介绍	8分钟	
20:58	产品介绍	8分钟	
21:06	产品介绍	8分钟	
21:14	产品介绍	8分钟	
21:22	产品介绍	8分钟	
21:30	产品介绍	8分钟	
21:38	产品介绍	8分钟	
21:46	产品介绍	8分钟	
21:54	产品介绍	8分钟	

图 11–3　直播流程

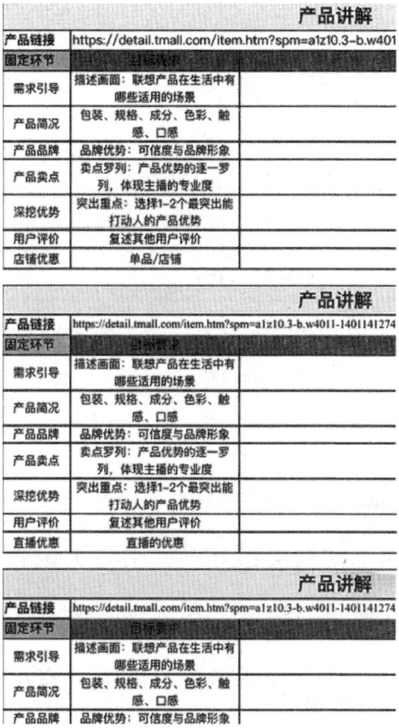

产品讲解

产品链接	https://detail.tmall.com/item.htm?spm=a1z10.3-b.w401	
固定环节	目标要求	
需求引导	描述画面：联想产品在生活中有哪些适用的场景	
产品简况	包装、规格、成分、色彩、触感、口感	
产品品牌	品牌优势：可信度与品牌形象	
产品卖点	卖点罗列：产品优势的逐一罗列，体现主播的专业度	
深挖优势	突出重点：选择1–2个最突出能打动人的产品优势	
用户评价	复述其他用户评价	
店铺优惠	单品/店铺	

产品讲解

产品链接	https://detail.tmall.com/item.htm?spm=a1z10.3-b.w4011-1401141274	
固定环节	目标要求	
需求引导	描述画面：联想产品在生活中有哪些适用的场景	
产品简况	包装、规格、成分、色彩、触感、口感	
产品品牌	品牌优势：可信度与品牌形象	
产品卖点	卖点罗列：产品优势的逐一罗列，体现主播的专业度	
深挖优势	突出重点：选择1–2个最突出能打动人的产品优势	
用户评价	复述其他用户评价	
直播优惠	直播的优惠	

产品讲解

产品链接	https://detail.tmall.com/item.htm?spm=a1z10.3-b.w4011-1401141274	
固定环节	目标要求	
需求引导	描述画面：联想产品在生活中有哪些适用的场景	
产品简况	包装、规格、成分、色彩、触感、口感	
产品品牌	品牌优势：可信度与品牌形象	

图 11–4　直播脚本

要不断地优化设计直播脚本，避免翻车，脚本要清晰地明确到进度和直播安排，每一个产品的时长，都有哪些卖点，有多少库存，是否需要助理试用产品，等等，这些都要清楚地写在直播脚本和流程里面。

第四节　直播的流程案例

我们以一款两小时十分钟的带货直播，来做一个拆解，每一个时间段是如何安排的，直播内容是什么？人员是如何安排的？如表11–1所示。

表 11–1　直播流程表

时间安排	直播内容	人员安排
20：00~20：10	开场互动	主播
20：10~20：20	宠粉引流 1 款	主播
20：20~21：00	利润款 3 款	主播 + 助理
21：00~21：10	宠粉引流 1 款	主播
21：10~21：30	话题款爆款	主播 + 助理
21：30~22：00	利润款 3 款	主播 + 助理
22：00~22：10	宠粉引流	主播

晚上20点到20点10分，是开场互动上人的时间段，这个阶段需要主播和大家积极地互动，引发大家在直播间送礼物、评论、转发直播间，增加直播间的热度，让直播间的人气尽快上来。一般直播间上人需要10分钟左右，这个阶段做得好的话，有可能把直播间送上热门广场，获取更多的流量。主播会向观众介绍本场直播的安排，有哪些惊喜产品，有哪些环节，号召新进来直播间的朋友点关注，加入粉丝团。这个时候最好有个助理，在旁边不停地喊，加入粉丝团等下所有的产品，都可以享受粉丝团专享价，效果非常明显。

20点10分到20点20分，上架第一款引流产品，就是增加直播间热度的产品，价格非常便宜，基本上不赚钱，但是有一定的数量限制，这个产品的主要目的有两个。一个是营造那种大家疯抢产品的氛围，让观众知道，如果不抢的话，很快就得不到了，下一个产品，他们就知道赶紧去抢了，特别是对于那些没抢到的人。另外一个目的是，让大家熟悉直播间的购物流程，有一些人没有在直播间买过东西，通过一个引流款产品，让他们熟悉购物流程，如何下单，如何付款，如何填写收货地址等。

20点20分到21点，这个时间段会上架3个利润款产品，就是为整场直播创造利润的产品，这个一般需要主播和助理进行互动，通过一些话术，来营造紧迫感和稀缺性。比如这场直播有1万人，对于利润款产品我们通常会说，只有500个优惠价格，抢完就没有了。如果这500个很快卖光，就让助理和商家商量是否可以再增加200个，这样一点一点加库存。千万不要一下子就上架很多，让观众认为随时都能买到。利润款产品如何更有效地销售出去，我们前面也讲过很多的策略了，这里就不再多提。需要注意的是，每一个利润款产品的时间，要合理分配好，时间只有40分钟，这款产品的介绍时间长了，那么下一个产品的时间就会短一些。

21点到21点10分，安排一个引流款产品，用来活跃直播间气氛，前面卖了几个利润款产品，价格稍微高一点，直播间的人气会下来，这个时候送一波福利给观众，重新把直播间的氛围拉起来，不然直播间的人数会慢慢变少。

21点10分到21点30分，上架一个话题款产品，用来拉升整场直播的档次，提升主播的形象，让观众知道，我们也是有一些品牌产品销售的。话题款产品，可以拉升整场直播的客单价。根据相关的统计显示，有话题款产品的直播和没有话题款产品的直播，客单价会相差5元左右。也就是说，话题款产品可以提升直播间的利润。

21点30分到22点，上架3个利润款产品，22点到22点10分，增加一个福利款产品，然后整场直播就圆满地结束了。

这就是整场带货直播的流程，开头是引流款产品增加直播间人气，中间是引流款、利润款、话题款产品相互结合，结尾是福利款产品拉拢粉丝，以增加粉丝黏性。

第五节　货品组合

在开始直播之前，我们要把货品的组合给设计好，穿插排序货品，可根据现场随时调整顺序或循环上架。刚开始可以多几个引流款产品，以增加直播间的人气和热度，利润款与话题款产品穿插上架。利润款产品是主推款，人气稳定了，就可以上利润款产品。上架节奏，单品上架10分钟，效果不好马上换掉。直播间流量氛围较好，可适当延长当前产品上架销售时间，产品讲解完后可再次循环。

假如某一款产品只上架了500份，但是直播间人气比预期的要多，500份不到30秒就被抢光了，如果库存允许的话，这个时候可以再多上架一些。如果这一场直播品比较少，可以产品讲解完后，把之前的品循环讲解一次。

第六节　话术的重要性

直播话术要精准提炼，适时表达。话术其实就是主播要做的关于产品卖点、互动促单带动气氛的口语表达，主播的口播是成交转化的关键因素。在设计话术的时候，要把产品的独特卖点表达出来，能够让顾客觉得，现在不买就失去这个机会了。像"带货女王"朱瓜瓜，顾客听完她的直播，会有什么感觉呢，就是不买东西会很难受。

我们来看单款产品话术流程，时间是10分钟。一个10分钟的单品直播话术是如何设计的，是如何把产品卖点和紧迫感、稀缺性融入进去的。

用2分钟的时间引出卖点，就是通过问问题的方式，引发大家的痛苦，然后引入产品的卖点。比如晚上噪声太大，睡不着怎么办，很多人都存在睡眠不好的问题，特别是住在马路边的人，晚上噪声特别大，每天很痛苦，快要睡着的时候，突然被一阵噪声惊醒，我相信很多人都有这种扎心的体会。这个时候，你说你有一款黑科技产品，只要打开，就能够把周围3米的噪声声波吸收掉，极大的降低噪声。吸收噪声声波，就是这个产品的独特卖点，而且是顾客非常感兴趣的点，很多顾客都没有见过，甚至没有听说过还有这样的产品。实际上，这个产品是美国的一个团队正在研发的，目前还在测试阶段，并没有上市。等上市的时候，这个产品一定非常受欢迎，太多人被噪声困扰了。

用3分钟的时间展示产品的外观和使用效果，比如你是卖一款电动剃须刀。就可以在这个部分，给观众展示产品的外观形状，甚至是亲自用剃须刀刮自己的胡子，让大家看到实实在在的效果，刮得很干净。罗永浩在一次直播的时候，就把自己留了多年的胡子给刮掉了，这件事情在网上的传播非常广，甚至上了热搜，变成了一个段子。当然那场直播，剃须刀卖得也是非常好的。就是在给观众展示产品的时候，最好能够现场使用产品，把产品的独特性能展示出来。比如一款菜刀很锋利，你现场拿它砍排骨，一刀就砍断了，而且没有刀刃卷曲，观众一下就感受到是一把好刀了。不然，你在那里天花乱坠、慷慨激昂的讲半天，顾客还是不相信。所以现场示范产品的独特性能，而且是竞争对手产品不具备的，使用非常好的营销策略。

用3分钟的时间和观众互动，这里主要是主播问观众一些问题，或者是解答大家的一些问题，问直播间有多少人想要这个产品，想要以什么样的价格购买这个产品，能够接受什么样的价格。在这个时候，主播是还没有告诉顾客产品最终的价格的。主播也可以跟大家讲下，已经使用过这个产品的消费者对于这个产品的评价，历史销量。比如上个月销量突破1万单，好评率99%，很多顾客都会选择复购。主播也可以和助理进行互动，问助理库存还有多少，能不能向厂家争取更多的折扣，甚至是故意很生气的样子，让助理去向厂家压低价格，等等。这些都是，主播和助理进行演戏的，目的是让观众接受这个产品，下单购买。因为下一个步骤，就是要开始上架抢购了，在这里要铺垫好。直播间卖东西，最典型的特征就是限时限量，如果你的购物车一直挂着某样东西，不会有太多人去买的。

用2分钟的时间进行促单成交，这是这个单品介绍的最后一个阶段，也是最重要的一个阶段。这里的促单，是我们所有环节的终极目的，我们做的一切工作都是为了顾客能够下单购买。在这个阶段，通常是限时限量销售，就是给大家一个惊喜最低价，但是只有500单或多少单，抢完就没有了。上架产品后，让大家赶快去抢。然后助理也可以在旁边喊关注主播，加入粉丝团，粉丝团的宝宝才能享受这个优惠价，不然不发货，等等。

这就是一个单品介绍的话术流程，整场带货直播的话术，就是单品的直播话术结合在一起，把产品的介绍顺序设计好，引流款、利润款、话题款产品相互结合好。当你按照这样的流程设计直播话术的时候，主播的带货转化率有明显的提高。

我们以一款电动面霜来举例说明，如何设计单品的直播话术，这款电动面霜的卖价是89元，实拍买一发二。卖点提炼是电动新科技、紧致皮肤、洁面吸收二合一、瘦脸美白、最低价。

引出卖点，主播可以拍拍桌子，"直播间的宝宝们注意啦，今天我们最喜欢的产品来啦，多功能合一的美妆产品，有没有想要的，有想要的扣1；好大家都想要，我再问下有没有肤色暗沉、长痘长斑、用化妆品感觉脸部吸收不好的宝宝，有吗？那今天的产品就厉害了，它不止能帮助你吸油，还能洁面清洁，你抹好多化妆品却没有效果，就是吸收不好，堵塞了毛孔，那你们今天来这就赚到啦"。这是一个非常有名的美妆主播的直播话术，通过提出问题，然后引出产品的独特卖点。

展示产品，这个新款的电动面霜，我让你们看到它的效果。动作：抹化妆品到手上，打开抹手吸收，看到效果了没？看到想要的扣1，我看看有多少宝宝想要！我再带你们看看震动效果，然后打开开关，给大家看震动的效果。

促单转化，这里一定要营造出限时限量，让顾客有抢购的感觉。铺垫动作：手展示电动面霜外观，震动效果都看到了吧，看到的给我打看到，好大家都看到了，今天就给大家带来最低价回馈，猜猜价格，今天我买一发二，这是5折啊，要的给我打想要。促单转化：好，新款准备上架，只有500份，准备我们倒数10秒开抢，10，9，……，6，这个我最近一直在用，已经离不开了，想要的宝宝千万不要错过，6，5，4，3，2，1，开抢啦，抢到的宝宝在直播间打抢到。

这个是朱瓜瓜在直播间用的一段直播话术，如果你想要成为一个优秀的带货主播，强烈建议你去看看她的直播，看看她是如何带货的。我是一个男士，在看她直播的时候，都忍不住买了1000多块钱的化妆品给我老婆。什么感觉呢？就是听着听着，让你忍不住想要去抢，忍不住想要去买。

第七节　达人如何利用互动玩法提高转化

人员配合，主播和助理如何配合来提升带货转化率，助理可以不用出镜，协助回答主播的一些问题，或者是主播问助理一些问题，助理也可以作为演示模特，试穿衣服，试用产品，助理试用产品，会让顾客觉得离他们更近，因为主播可能面对很多人，是一个网红，顾客认为离他们比较远，有距离感。助理也可以在旁边喊，关注主播，花1毛钱加入粉丝团，可以享受粉丝福利等。助理可以报库存，报价格，筛选用户的问题，向主播提问。在冷场的时候，通过和主播互动，提升活跃直播间的氛围。主播和助理如何更好地互动，我们之前的章节中已经详细地讲过了，这里就不再过多地讲解。

互动玩法还有很多，这里一一来给大家介绍下。希望大家在直播的过程中，可以把这些技巧应用起来。

1.多问问句，如想不想要啊，喜不喜欢啊？有谁想要立刻得到这个产品？有没有以前用过这个产品的宝宝？

2.商品比价，这款产品，淘宝多少钱，天猫和京东多少钱，旗舰店多少钱，线下门店多少钱，今天在我的直播间是全网最低价，还有精美礼品相送，通过和其他店铺的产品比价，来显示直播间产品的折扣力度大。

3.限时秒杀，就是给大家几分钟的时间，可以享受什么样的折扣价格，到时间产品立马下架，只能以原价购买了。这里需要注意的是，最好不要现在下架恢复原价了，等一下又可以折扣价买了。这样的话，粉丝慢慢就不信任你了。有不少的主播都会这样做，这个产品下架了，恢复原价，等一下又以折扣价卖了。这样会慢慢地失去粉丝的信任。做直播带货，最需要的就是粉丝的信任。

4.粉丝定价，就是主播介绍完一款产品之后，问粉丝，这款产品大家愿意出多少钱买啊？能够接受什么样的价格啊？让粉丝自己给出价格，当然会有不同的价格，有高的，有低的，甚至会有一些自己人在评论区出价。

5.主播款送赠品，就是凡是购买主播介绍的这款产品的顾客，都可以额外得到一份精美的赠品，甚至有的时候赠品的价值超过主打产品的价值。这个属于是赠品营销，我们在前面的章节中有详细讲过赠品营销。

6.粉丝专享特价款，只有关注主播，加入粉丝团的顾客，才能享受特别优惠的价格，不然就算拍下来，也不发货。不能直接讲，不加入粉丝团不能买。很多人都不信了，是欺骗，因为能不能抢到，和加不加入粉丝团没有关系。所以你讲没有加入粉丝团，就算抢到了也不发货。这样的可信度，会更高一些。

7.直播间实时砍价，就是主播在直播间直接和商家砍价，有的时候还争吵得很激烈，其实都是事先设计好的。这个互动玩法，是朱瓜瓜经常用的，她在每个品牌专场，都会疯狂地和品牌商吵架。有时候说是，品牌方的员工配合不积极，或者是品牌方搞错价格了等，会挑品牌方很多的毛病，每挑一次，产品价格就降一点。有的时候故意问品牌方，这个价格卖不卖？品牌方很认真地说不卖，然后朱瓜瓜就直接用一个很低的价格，强行上架，来卖给粉丝，给粉丝福利。让大家觉得，价格真的很便宜，不买就亏大了。其实这些，都是事先设计好的。大部分的观众，是看不出来的。

8.邀请朋友在线人数达到多少发福利，这个是增加直播间人气的一种方式，就是主播号召观众把直播间分享出去，直播间人数达到多少，就会给出一个什么什么样的福利。这个一方面可以增加直播间的热度，提升直播间在热门广场的排名。另一方面，参与分享的观众，大部分都会购买这个产品，因为他参与努力了，然后得到了这个优惠价格，肯定会购买，不然就白费努力了。所以，即便最后直播间人数没有达到预期的数量，主播还是会给大家一个优惠价格的。

9.截图免单，就是主播在直播让大家打666或者爱主播，然后喊5，4，3，2，1截屏，屏幕上截到谁，谁就可以免单。

10.小店优惠券，就是发放一些抖音小店的优惠券给顾客，但是有一定的时效性，让大家赶快去用掉。

上面是一些比较常用的直播间互动玩法，每一种玩法都有效果，主播可以根据不同的情况，选择其中的一种或者多种组合使用，会极大地提升直播间的带货转化率。这里有一些注意事项，开播前要规划好互动的时间段；互动用于开播时迅速热场；中断时间，粉丝疲惫热闹气氛；快结束时，可通过引流款为第二天开播做预告；场控和小号要协助主播带节奏。

第八节　为什么要营造直播间的氛围

直播间的氛围对于一场直播能否留住人，能否沉淀客户，能否产生较高的转化率都是非常重要的。良好的直播间氛围，可以延长用户停留，让观众的直播观看体验更好，让用户更有沉浸感，有助于增加用户停留时长。一个直播间氛围越好，吸引的人也就越多。一个只有几十人的直播间，用户刷到这个直播间，很快就会离开。如果是一个几万的人直播间，里面氛围很好，很热闹，陌生观众刷到这个直播间，总想停下来看看，这个直播间这么多人，到底是干什么的。良好的直播间人气和氛围，对于留人和吸引人气都是很重要的。

活跃的直播间氛围有助于促单，这个有点类似于线下市场，通过直播间氛围带动直播间播货节奏，诱发观众的从众心理，从而促进订单成交。比如一个主播在直播间喊，想要的宝宝们刷666，结果没有几个人刷，那么气氛就很尴尬，上架产品就不会有几个人买。相反，主播让大家刷666的时候，一直不停地在飘屏，顾客就会觉得很多人都想要这个产品。产品上架的时候，赶紧抢吧，不然就抢不到了。所以活跃的直播间氛围，非常有助于促单。

主播一定要学会控场，把直播间的热度调动起来，是那种很快的节奏，而不是慢悠悠的，让观众处于紧张和亢奋状态，这个时候从理性变成了感性，很容易下单购买。如果你的直播间，一直是慢悠悠的，那么顾客就会去思考很多东西，下单购买也会很慢，东走走，细看看，可能最后什么也没买就走了。

助理要如何活跃直播间气氛呢？助理在主播不说话的时候，可以号召观众关注主播，花一毛钱加入粉丝团，辅助引导客户停留、查看商品、下单引导，解决公屏里客户的问题，配合主播控制直播节奏，控制直播评论的节奏、避免主播尴尬，配合主播，促力成交，处理黑粉。助理要特别注意黑粉的乱言，黑粉并不是真正的顾客，可能是竞争对手派来故意抹黑主播的。助理发现黑粉散播负面议论，第一时间把黑粉禁言，然后设置好敏感词屏蔽。

本章内容，我们详细讲解了如何策划一场成功的带货直播。从增加直播间人气、根据粉丝画像选品、到如何设置直播带货话术、如何标准化培养主播、主播和助理如何互动提升转化率。涉及直播带货的每一个环节，涉及方方面面。直播带货需要团队作战，一个人是很难做好的，更考验的是团队的战斗力。就算是一个很小的带货团队，也需要至少5~6个人，大一点的带货团队可能有上百人之多。在大家准备入局直播带货这个赛道的时候，一定要思考清楚未来的方向。直播带货是这几年一个很大的风口，但是对入局者也有更高的要求，从团队到资金各个方面。如果选择了直播带货这条路，就要坚持走下去，死磕到底，千万不要中途放弃。

第十二章

如何做好粉丝运营提升
客户复购率

相信大家还记得营销界一句流传甚广的话，客户数据库就是你的小金库。我们直播间的粉丝其实就是我们的小金库，做好粉丝运营，提升客户复购率，可以提升我们的利润。随着流量成本越来越高，不重视粉丝运营的公司，会越来越难做。举个例子，今天你开一场带货直播，投入了 10 万元广告费，直播间来了 1 万人，销售额是 150 万元，通常是 10% 的利润，盈利 5 万元。下次开直播的时候，你如果没有做好粉丝运营，这批客户来的概率是很小的。你还要继续通过投广告的方式，来获取新的流量，随着竞争对手的增多，可能流量成本增加了，直播间带货转化率降低了，你的利润越来越少。

如果你做好粉丝运营，把每一场新增的粉丝都做好维护，做好粉丝运营，尽可能让每一场直播，老粉丝都可以过来一些，这样子你的营销成本是在下降的。根据数据，老顾客的购买率会更高一些，因为对你有了一些信任，更容易购买你推荐的产品。聪明的直播带货团队，都会非常重视粉丝运营，用尽各种办法把老粉丝留下来，粉丝专享活动，粉丝团福利，粉丝见面会，等等。现在很多的团队，都还在竞争前端的流量，没有意识到粉丝运营的重要性，越多人竞争前端流量，广告成本越贵，大家的利润也就越低。像抖音带货女王"朱瓜瓜"就是一个粉丝运营的高手，她每场直播，人数都在 3 万到 10 万之间，大部分都是老客户、老粉丝，因为她的策略就是举办各个品牌带货专场，把品牌方的产品价格打下来，给粉丝争取非常多的优惠和福利。

抖音是一个公域流量平台，发布的每一个作品都会经过流量池的筛选和过滤，最终把优质的作品呈现给客户。如果你发布的作品，完播率、点赞率、评论率、转发率很低，是不会有太多人看到你的视频的。我们要做的是，尽可能地建立自己的私域流量，让看到我们视频和直播的人，成为我们的粉丝，加入粉丝团。短视频平台的核心变现路径是，从用户到粉丝到客户，客户就是最终购买你产品的人群；从公域流量到私域流量，私域流量是指关注你的粉丝或者加入你粉丝团的用户，也可以是加入你抖音群的用户；从流量到留量，无论你是发布新视频，还是开直播，抖音都会给你一些流量，根据作品的表现，获得不同的视频推荐量，我们要想办法把系统给的流量给留存下来，关注我们，成为粉丝。我看到过很多达人的视频，播放量很高，但是涨粉却很少。有的甚至播放量高达500万，涨粉连1000都没有，说明账号的头像和账号主页没有明确表明，用户关注你可以得到什么。正常来说，500万的视频播放量，涨粉至少在2万~5万。只有用户关注了我们，以后我们再发布作品时，才有机会被他们看到。很多人会讲，我有几十万粉丝，为何我发布的视频播放量只有几百，并不是所有的粉丝都可以看到的。这个也是抖音的流量池推荐机制，不过我们可以通过把视频投广告的形式，投放给粉丝，很多人都把精力放在增加新粉丝上面。其实维护好老粉丝，才是最应该做的事情。

第一节　一个新用户的转化路径

我们来看下一个新用户是如何转化成粉丝，最终成为购买产品的客户的。基本上会经过流量到留存，到转化为关注，到提升黏性这四个过程。

流量有公域流量和私域流量，公域流量是指平台推荐给你的新流量，基于你之前发布的视频类型以及你的粉丝用户画像，比如你之前发布的视频以正能量为主，播放都在几千、几万，甚至几十万、几百万。那么系统就会把你的视频推荐给喜欢看正能量视频的人，如果你突然发布了一个搞笑的视频，播放量就不会太高，因为系统不可能一下子做出改变，已经给你的账号打上了正能量的标签。你突然发布了搞笑的视频，系统还是会把你的视频推荐给喜欢看正能量的人，这就导致视频播放量极低。我们发布视频的时候，尽量只发布一种主题类型的视频，方便系统给我们进行精准推送，获取一个比较高的播放量。另外一个公域流量的来源是直播广场，就是你开直播的时候，如果直播间的热度比较高，直播间在直播广场的排名可能比较靠前，直播广场会给你推送一大波的流量，当然，这些流量都是泛流量，不精准，我们需要通过主播的一些话术，把它们转化成私域流量。

私域流量，是指关注我们的粉丝和加入直播间粉丝团的成员。当我们发布一个视频的时候，会优先推送给我们的粉丝，粉丝观看数据比较好的话，才会继续推荐给更多人。所以我们发布视频的时候，要基于粉丝的用户画像和观看喜好来发布。另外我们开直播的时候，会把直播间直接推送给加入粉丝团的成员。大家可以想一下，我们去看一场直播，是不是大部分都是通过直播广场或者是系统推荐进去的。如果客户加入我们的粉丝团，我们开直播的时候，他们会直接收到提醒，增加进入直播间的概率。

留存就是把从直播广场进来的用户，留在直播间，很多人是无意中刷到你的直播间的，你要想办法把他们留下来，在直播间多待一会儿。用户停留的时间越长，你转化他（她），卖他（她）东西的概率也就越大。如何增加新用户，在直播间的停留时长呢？有很多种方法，这里简单列举几个，定时发红包，就是某个时间点要发红包；抽奖，比如接下来要送手机、送汽车等；把直播场景装饰得漂亮一些，其实直播场景就是我们的线上门店，我们应该像装修线下门店那样装饰我们的直播场景；主播的个人魅力，就是主播的讲话节奏和风格以及场景氛围，假如主播讲话很诙谐幽默，直播间人气很旺，很多人也会愿意留下来看看，如果直播间只有几个人，而且主播也是有气无力的，那么就算很多人进来你的直播间，也会马上离开的。

转化为关注就是把公域流量的用户，引导关注主播或者加入粉丝团。当开直播的时候，会有很多的新人来到直播间，特别是从直播广场来到直播间的一群人，主播需要用一些方法引导他们关注主播和加入粉丝团。如果他们没有关注主播，也没有加入粉丝团，那么以后再来直播间的机会就很渺茫了。甚至有一些公司的直播间流量来源，主要是DOU+和巨量引擎推广预热视频，更应该引导关注主播和加入粉丝团，不然白白浪费了广告费。怎么引导呢？就是给出关注主播和加入粉丝团的好处，比如关注主播，可以领取红包，获取更多的品牌福利，加入粉丝团可以得到一份礼品，等等。就是主播一定要给出用户加入粉丝团的好处，好处给到位，关注不是事儿。可以通过促销活动，限时秒杀，限量领取来转化用户变成付费客户，比如某件商品全网最低价，限量500份，抢到就是赚到。

提升黏性，当我们把公域流量留存下来，变成我们的粉丝或者客户之后，最后要做的就是维护好这些粉丝和客户，提升粉丝黏性。俗话说，一回生，二回熟，我们就是要多和用户进行交流，多举办一些粉丝专享的活动，来和粉丝建立一种强关系。比如你的粉丝，都是一些女性，喜欢购买各种美妆产品和化妆品，你就可以多在直播间分享一些美妆的专业知识，和护肤品的使用技巧，用心和大家交流，让粉丝可以感受到你的真诚，把你当朋友一样看待，非常的信任你。直播带货最重要的就是，解决粉丝信任的问题。信任解决了，无论你卖什么产品，都会有很多的客户下单购买的。另外，我们要为粉丝准备一些周期性的福利，比如成立自己的粉丝节，像薇娅就有"薇娅521感恩节"，给粉丝送很多的福利，有的主播会给粉丝灯牌达到多少级的粉丝，送各种礼品，全部是免费包邮的。就是一定要把这些忠实的粉丝维护好，可能你70%以上的利润，都是来源于老粉丝。

第二节　直播间流量来源入口

直播间流量来源主要分为公域流量和私域流量，私域流量可以带动公域流量，而反过来公域流量的增加又可以积累私域流量。

公域流量来源有同城、短视频、直播推荐流、广场、主题页，如图12-1 所示，同城的流量是很大的，而且同城的流量更容易转化，只要你的直播间封面和标题设置得比较吸引人，同城的流量是很容易获取的。短视频是指，当用户看你视频的时候，如果你正在直播，账号头像那里会显示直播中，可以点击你的账号头像进入直播间，当你有视频上热门的时候，一定要马上开直播，这样粉丝会多增加一倍以上。我曾经有一个客户，一条视频获得了9000万的播放，涨粉50万个，当时他因为一些原因没有开播。如果开直播的话，当时那条视频至少涨粉100万以上。直播推荐流，是指直播间从热门广场来的流量，就是用户在直播广场刷视频的时候，如果能刷到你的直播间，说明你的直播间上了热门广场，在热门广场的排名越高，从热门广场来的流量也就越大。主题页，有时候抖音会有一些官方的活动，你的直播间数据表现比较好的话，会上主题页，获得更多的直播间曝光。

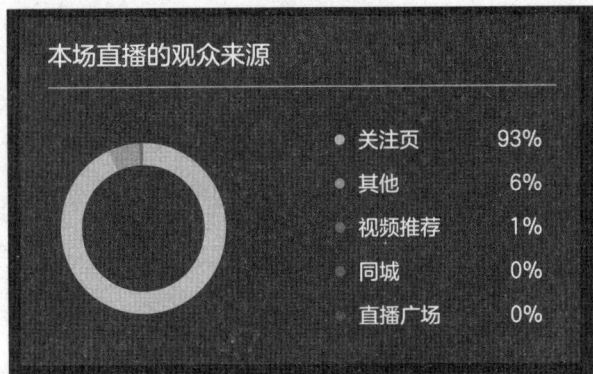

本场直播的观众来源

● 关注页	93%
● 其他	6%
● 视频推荐	1%
● 同城	0%
● 直播广场	0%

图 12-1　公域流量来源

私域流量来源主要有粉丝团，预告短视频，花絮视频，账号主页。当你开直播的时候，你的粉丝团成员会收到直播提醒。预告视频，是指你在开始一场直播之前，会发布一个直播预告视频，告诉粉丝这场直播的内容，会给大家带来哪些福利和惊喜？比如是某品牌的专场，1000份精美礼品免费领，送手机，送汽车，等等。花絮视频，就是你们正常工作中的一些视频，比如和品牌方进行砍价的视频花絮，选品团队选品的视频，主播试用产品的一些镜头，等等，让用户感觉到很真实。现在这个时代，应该少一些套路，多一些真诚，你越用心，越真诚，就越能打动客户。很多主播都会把和品牌方砍价的过程，拍成一个视频发布出来，这一招很管用，一下子就赢得了顾客的好感。虽然说大多数情况，都是在演戏，事先排练好的。不过顾客可能不会这么想，他们会认为主播是真的很用心，在帮他们砍价。还有一个流量来源是账号主页，就是在账号主页标明，你直播的时间，比如每天晚上8点直播，这样很多粉丝就会记住这个时间，提前安排好时间看直播。

第三节　如何让用户停留

如何让用户长时间停留在直播间，是每一个主播都很关心的，也是一个老大难的问题。很多直播间的观众是来源于公域流量，不是你的粉丝，得把他们留下来并引导关注主播，才有机会变成付费客户。

定时定点设置福利，假如说20点开播，主播或者助理可以在直播间强调，20点半会送一波福利和红包，这样有些人会为了领红包，在直播间待着。半小时的时间，足够你引导他们关注你了。或者是直播间某个时间点，要进行特卖或者赠送礼品了，当然进行特卖或者赠送的产品都是有数量限制的，目的是增加直播间的留存率。这里需要提醒的是，直播间是不能抽奖的，官方是禁止的，除非你向官方报备并且审核通过。

内容方面吸引粉丝，主播与用户的情感，专业讲解和吸引人的产品，诱发停留的电商氛围。比如主播和观众讲述一些之前的故事，创业经历，正能量的故事，等等。这些比较容易引发观众的情感认同，获得粉丝的信任。主播也可以讲一些产品的功能，应用场景，抛出一些大家生活中遇到的问题。比如关于睡眠的问题，主播可以问大家失眠的时候，都会做哪些事情，有没有提高睡眠质量的方法。就是主播可以抛出一些能够引发大家兴趣的问题，引导观众在直播间进行讨论。还有就是主播可以营造热闹的电商氛围，介绍产品的独特卖点，问大家想要的打想要或者666，结果很多人在直播间打想要或者666，观众看着很热闹，也会在直播间都停留一会儿。就像我们在逛集市的时候，哪个摊位人比较多，我们也会上前去看看，摊位人比较少的，我们也不大会去看。人都有一个从众的心理，哪里人多去哪里，一般的人也比较懒，不愿意去思考就随大流。

第四节　促单转化：如何让粉丝心甘情愿地下单

通过专业知识的讲解，让用户学到新知识，建立你在他（她）心中的专家形象。比如很多人不懂红酒，你是一个红酒类目的主播，你在直播间跟大家分享鉴别红酒的一些知识，西餐礼仪，喝红酒时应该怎么拿酒杯，如何醒酒口感更好，如何挑选好喝的红酒，各个国家酒庄的介绍，甚至是自己在家里如何酿造葡萄酒，等等。就是让观众觉得你很专业，你不只是想卖给他们红酒，更多的是分享红酒知识，和大家交个朋友。其实这个时候，很多人就会在直播间问，想买一款红酒，买什么牌子好啊，然后你就可以向他介绍你的红酒，顾客会认为，既然你这么懂红酒，推荐的红酒品类也不会太差。你需要做的，不是硬生生地卖给用户东西，而是先分享一些专业知识，和他们交个朋友，然后再介绍产品。这个流程，适用于绝大多数的主播达人。

消费引导和互动能力，我们要洞察粉丝的心理，不同的粉丝心理需求是不同的，分为小白粉丝、低频/消费少粉丝、高频/消费多粉丝、其他电商主播粉丝，我们来具体看看这几种粉丝的区别。

高频/消费多粉丝，他们的心理是怎样的呢？对主播已经信赖和认可，有大量的购买行为、后续反馈以及长期线上互动积累出来的社交关系，已经培养了客户稳定且习惯的购物环境和购物预期。针对这种高频消费多的粉丝，应该使用什么样的策略呢？保证SKU的丰富，保证产品价格和质量优势，就是你的品类一定要丰富，消费者能够在你这里买到各种他所需的产品。在直播间要经常表达对这类粉丝的感谢，强唤醒他们，沟通畅通、售后和服务都要到位。

低频/消费少粉丝，这种类型的粉丝的心理是怎么样的呢？没看到喜欢的商品，或者近期的消费额度已经超标了，或者是提出的问题，主播没有注意到，他们还在考虑这个主播是否值得信任，主播没有对这类粉丝进行引导，或者还没有重视到。针对这种粉丝的策略是，丰富直播间的SKU，增加新客专属福利。比如新客购物，可以减免10块钱。用户不买商品，只是不在你这里买商品，可能会在其他的地方买产品。所以主播要查看原因，为何不在你这里买呢？是SKU不够丰富，没有他们需要的产品呢，还是没有获取他们的信任。

其他电商主播粉丝，他们都是其他主播的粉丝，经常在直播间买东西，无意中来到了你的直播间。对你还不够了解和信任，不知道你卖的产品质量如何，价格是否更低，对主播的货品丰富度、售后都处于观望状态。对于这类粉丝，我们要使用的策略是，产品价格比其他电商主播更低，有更多的新客专属福利。主播也可以用自己独特的魅力来吸引顾客购买，比如讲一些容易引发大家认同的情感经历，等等。这类顾客通常对什么限时限量，已经没有太多感觉了，最能吸引他们的是产品的质量和货品丰富度，更重要的是价格，只要价格比其他电商主播便宜，他们就会进行购买。

小白粉丝，这类粉丝还没有在直播间买过东西，对平台购物的心智还不够，对平台的商品还不够了解和信任，对于平台购物的流程也不懂。他们来到直播间并不是为了买东西，更多的是看了主播的视频，觉得很有意思或者学到东西了，才来到直播间的。对于这类粉丝，需要主播进行教育，引导他们进行首次购买。主播需要先获取这类粉丝的信任，然后再向他们介绍产品，并给予新客专属福利。这里有一个好处，当他第一单是在你直播间买的，后面在你直播间进行复购的概率也会比较大。这就是大家经常说的首单效应，就是小白粉丝第一单在哪个直播间买，以后在这个直播间复购的次数和金额会越来越大，前提是直播间要有丰富的产品SKU和比较优惠的价格。对于用户来说，无所谓在哪里购买，只要产品和价格都很公道，在哪里买都一样，会优先选择自己比较熟悉的。

第五节　提升直播转化新粉的能力

　　获取新粉有哪些方式呢？首先是钩子策略，用低客单价商品、新客活动，引导观众进行第一次购买。比如一个智能垃圾桶，正常的价格都要50元以上，今天在你直播间19.9元包邮，非常的便宜。但是只限新客购买，而且每人限购一个，这样的话，很多新人就会抢购这个智能垃圾桶。因为在他们印象里，一个智能垃圾桶肯定都在50元以上的，直播间才19.9元而且包邮，实在是太便宜了。其次是礼品赠送，是加强版的"钩子产品"，比如买一个智能垃圾桶，赠送10包垃圾袋，平时你买10包垃圾袋也要20多块钱，但是今天在直播间19.9不但可以得到一个智能垃圾桶，还能得到10包垃圾袋。我相信这样的优惠套餐，正常人都会去抢的，因为实在是太便宜了。第三是，游戏互动，通过幸运大转盘，秒杀，截屏，和大家游戏互动，赠送一些礼品，也能比较好地转化新粉。

　　转化黑粉有哪些方式呢？直播间难免会有一些黑粉，有一些是竞争对手派来的，有一些是不明真相的观众被带了节奏。一个优秀的主播，是能够把黑粉转化成正面的，甚至是变成自己的忠实粉丝。这个是有一定的难度的，更多的是看主播的心态。主播遇到黑粉攻击的时候，要稳定情绪，保持冷静。有一些主播在有黑粉，散布一些攻击性言论时，情绪会产生很大的波动，甚至变得口齿结巴，讲话不清。甚至还有一些主播，会在直播间里面和黑粉互怼，这是非常糟糕的，主播要学会避其锋芒，进行正面引导，或者以诙谐幽默的方式来处理。主播要学会冷静的分析判断，回复有理有据，比如有黑粉说主播介绍的这款产品是假的，产品质量很差，劝大家不要上当。这个时候主播可以直接问他，你说我卖的这个产品是假的，请问官方旗舰店的产品也是假的吗？我们是官方旗舰店合作发货的，如果你说是假的，请拿出证据，不然我们会告你诽谤，运营赶紧联系技术部同事查下那个人的IP，并保存证据，提交到公安部门。你这样讲的话，那个黑粉一般就不敢说话了。作为主播，反而更能赢得大家的好感，让大家更相信产品的质量。有的时候有黑粉，并不是一件坏事情，就看主播能不能把他扳回来。

如何转黑粉为死忠粉，有的黑粉会挑拨主播与粉丝的关系，说主播这不行，那不好，讲的都是骗人的。主播这个时候，可以借此展示自己的专业性，利用黑粉展示权威性，不建议直接拉黑。比如有的黑粉会说，主播这里的东西是骗人的，价格比较贵，质量不好。主播这个时候，可以讲一些专业性的东西，让大家相信产品的品质和价格，这样黑粉的言论就不攻自破了。然后可以直接告诉大家，这个人很大可能是别人派来的黑粉，让大家都去举报这个黑粉，展示自己的权威性。还有的黑粉会乱砍价，可能故意说一个很离谱的价格，反正也没打算买，这样的黑粉，是有机会转变成真正的粉丝的，遇到这种情况，主播要心态平和，专门针对这个黑粉，说一些打动他的话，转变成真正的粉丝。有的黑粉素质会比较差，直接在直播间开骂，说话很难听，这样的可以反馈给官方，官方会严厉打击这些干扰正常直播秩序的人，会直接封号处理。主播一定不要和粉丝互怼互骂，建议黑粉的恶意言论由助理或者运营来处理。

第六节 提高粉丝忠诚度的几种方法

定时开播，给大家一个心理预期，比如每天晚上20点开播，分享国外酒庄的那些事儿。有对红酒感兴趣的粉丝，他就会每天晚上20点来你直播间听你讲国外酒庄的趣闻。最好是能够持续开播，比如账号主页说明每天晚上20点开播，那就每天都直播，不要随意中断。持续稳定的开直播，一方面，可以养成粉丝的观看习惯；另一方面，也可以让系统识别到你是一个稳定持续输出优质内容的主播，会在流量方面给予较大的扶持。

保持新鲜感，产品要不断地更新，不要每场直播都卖同样的东西，不然的话，老粉丝也不会来了。直播间的玩法也要不断地更新，及时学习最新的电商玩法，一种玩法如果大家都在用，那么肯定就不好使了，顾客已经免疫了。

主播IP，主播可以用粉丝团专属福利黏住粉丝，比如粉丝团达到多少级，就可以免费包邮得到一个什么礼品，以前的话，付个邮费得到一个什么礼品，很受欢迎。现在大家对这个已经免疫了，邮费也不愿意付了。或者举办一些粉丝团粉丝答谢会，来增强粉丝团成员归属感。

引导粉丝加入粉丝团是非常重要的，粉丝加入粉丝团后，可以及时收到主播开播通知，在气泡、视频、直播推流增加曝光展现。粉丝加入粉丝团后，会有一个粉丝团灯牌，可以营造评论区的氛围，加入粉丝团后，粉丝会有一种归属感，对主播更加的信任和认可。如何引导粉丝加入粉丝团呢？优先解答粉丝团成员的问题，比如你直播间很多人问问题，你就先回答粉丝团成员的问题，这样那些想要你回答他们问题的用户，也会加入粉丝团。或者是口播加入粉丝团，可以享受很多粉丝团专属福利，比如说"关注主播不迷路"，等等。

第十三章

如何做好直播带货数据运营

　　我们一直在说，每一场带货直播结束之后，一定要做一个复盘，复盘什么呢？就是我们要复盘这场直播中存在的问题，回顾整个的流程，直播预热视频是否达到了应有的效果，直播间人气是否达到预期人数，主播在介绍产品的过程中时间把控是否到位，主播和助理的搭配是否起到了应有的作用，有哪些没有想到的品卖得很好，货品的排序是否取得了预期的效果，黑粉的处理是否及时，运营上架产品是否及时，等等。我们要复盘整场直播的每一个环节，重新回顾一遍，详细到每一个时间点，把存在的问题都列出来，以便进行整改。如果一场直播取得了圆满的成功，就把可以优化的点列出来，进一步优化。如果一场直播没有达到预期的效果，把主要的原因找出来，是主播没有介绍好产品，还是直播过程中翻车了，或者是直播的时候网络不好卡顿了，还是说直播间人气和氛围不行，又或者是选择的品粉丝不喜欢，价格太高，粉丝不接受，等等。通过数据分析，找出整场直播带货存在的问题，然后具体问题具体解决，一点一点进行优化，最终形成一套带有自己风格的直播带货流程。

第一节　带货直播流量来源分析

　　直播流量数据解读及优化技巧，如果整场直播的流量来源是直播广场、视频推荐流量，这代表着你大部分的流量来源是陌生流量，不精准，这个时候转粉率低（转粉率大概在5%左右）很正常。如果你的流量来源主要是陌生人，那在直播的时候，主播就要多用一些针对陌生人的直播话术，不断邀请新进来的宝宝关注主播，加入粉丝团，把流量变成留量。单场直播转化新粉占比低于5%时，就说明陌生用户没有被你的直播内容吸引，影响因素包括人、货、场多方面。直播间如何优化提升转粉率呢？可以提升玩法，引流秒杀多款产品一起上，主播和助理不断地强调加入粉丝团的好处，直播间的布景设计得更加有吸引力一些。就像五星级酒店一样，走在大街上，就算不住进去也会多看一眼。线上直播间也是一样，如果你的直播间装饰得很漂亮，很有美感，一个陌生人来到你的直播间也会多停留一会儿。

直播间流量来源主要有直播广场，同城，视频推荐，关注，其他，如图13-1所示。关注主要是关注你的粉丝，加入你粉丝团的成员，或者是通过你的账号主页来到你直播间的人。同城是用户在观看同城视频的时候，看到你的直播间封面和标题比较吸引人，会直接点击进入到你的直播间，平台也会推送一些同城的流量给你，特别是对于刚开始直播的新主播，平台会给一些同城流量的推送。直播广场，这个是大部分直播间最大的流量来源，直播间在直播广场的排名越靠前，获取的流量也就越大，直播间人气也就越高。有的主播运气好的话，可能会获得高达千万的流量分发。视频推荐，就是你的视频上了热门，用户在看你视频的时候，通过点击头像进入到你的直播间。其他的流量来源，就是各种不同的渠道，像平台专题页，粉丝转发直播间，等等。这里尤其记住一点，当你发现有视频上热门的时候，一定要马上开直播，涨粉会增加一倍以上。而且，开直播也可以带动视频的播放量。

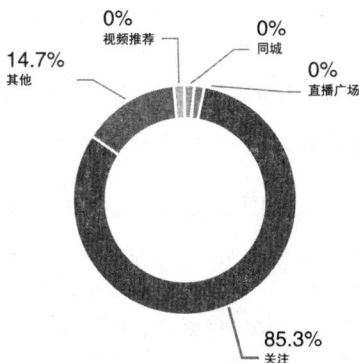

图13-1　直播间流量来源

第二节　直播数据从哪里来

我们登陆企业管理平台电脑版，如图13-2所示，点击电商数据，就可以看到相关的数据，有浏览互动、引导转化、商品点击次数、商品展示次数、商品点击率、还有相应的统计图表，等等。

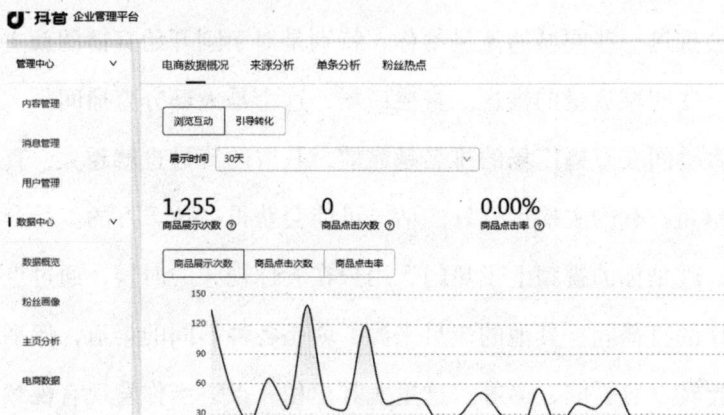

图 13-2　抖音企业管理平台

然后进入到电商直播数据，如图13-3所示，可以看到电商直播次数，电商直播时长，电商直播观看次数，电商直播用户观看总时长，等等。

我们需要的一些直播数据，都可以在抖音企业管理平台找到。拿到这些数据有什么用呢？我们可以分析直播平均观看时长，如果平均观看时长比较短的话，说明我们的直播内容不够吸引人，就要进行内容方面的调整和优化。如果发现直播中，商品的点击率低，说明我们的选品有问题或者是主播介绍产品的话术有问题，需要进一步优化。然后我们也可以看下，最近一段时间直播间的人数是呈上升趋势还是下降趋势，如果直播间人数一直变少，就要开始分析原因了，是老粉丝流失比较多呢？还是没有新的人来到直播间。通过这些直播数据，我们可以看出很多的问题，然后根据这些问题去优化直播间。比如增加一些吸引直播间人气的方法，选品的时候更加细致地分析一下粉丝画像，和商家谈价的时候压得更低一些，主播在介绍产品的时候更加形象一些。

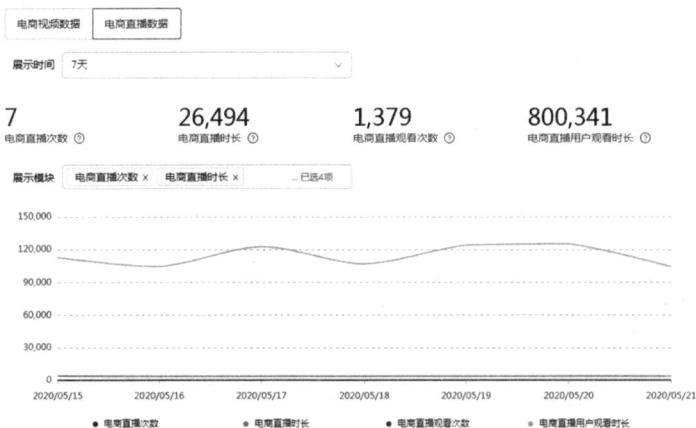

图 13-3　电商直播数据

在看直播间数据的时候，重点去看用户的停留时长、互动率、商品点击与转化，商品点击数代表主播的引导能力与货品的吸引力。如何提升直播间的商品点击率呢？一个是丰富产品的SKU，另一个主播在引导上要反复强调有优势的点，比如产品价格、秒杀活动等，把产品的独特卖点表达出来，特别是限时限量销售，营造稀缺性和紧迫感。从商品详情页到最终付款下单，依靠的更多是用户自己的决策，这个下单链接要越短越好。根据过往经验来看，每一个环节都会流失掉一部分客户，下单链条越短，越有利于商品的转化和成单。

第三节　直播复盘内容

直播复盘数据解读包括四个方面内容，分别是流量数据、流量来源、电商数据、直播数据，如图13-4所示。

直播复盘数据解读

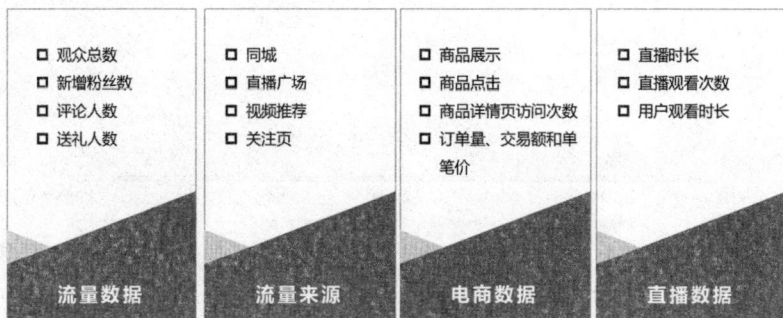

流量数据	流量来源	电商数据	直播数据
□ 观众总数 □ 新增粉丝数 □ 评论人数 □ 送礼人数	□ 同城 □ 直播广场 □ 视频推荐 □ 关注页	□ 商品展示 □ 商品点击 □ 商品详情页访问次数 □ 订单量、交易额和单笔价	□ 直播时长 □ 直播观看次数 □ 用户观看时长

图 13-4　直播复盘数据解读

流量数据，这场直播有多少人来，同时在线最高人数是多少，新增粉丝是多少，评论人数有多少，送礼人数有多少，音浪收入有多少，如果总人数比较高，同时在线人数较低，新增粉丝也比较少，评论也不多。说明直播内容不够吸引人，不能够把新粉丝留下来，需要调整直播话术，或者是让主播接受一个系统性的培训。

流量来源，看这场直播流量来源主要是哪里？分别占比多少，同城，直播广场，视频推荐，关注页。如果直播流量来源主要是直播广场，那么说明账号最近比较热门，要调整直播内容，以转化非精准陌生用户为主。如果直播流量来源主要是关注页，说明最近没有新的流量进来，需要优化视频内容或者是付费推广，吸引新流量、新人群。

电商数据，看商品的展示数量，点击数量，商品详情页访问次数，订单量、交易额、单个粉丝价值和单笔价以及平均客单价。如果发现商品的详情页访问次数比较多，但是订单量比较少，说明商品的详情页有问题，不够吸引人，就要安排运营调整优化商品详情页。如果商品的点击数量比较少，就是主播介绍商品不够有吸引力，没有把商品的独特卖点表达出来，没有激发起观众的购买欲望。通过观看电商数据，能够发现很多的问题，然后一个一个进行优化就行了。

直播数据，是直播时长，直播观看次数，用户观看时长。直播时长是这一场直播的时间长度，直观观看次数是有多少人次进来直播间，用户观看时长有单个时长和总时长。我们还可以看到观看人数，观众人数峰值，评论人数，新增粉丝，付费人数，音浪收入等数据。根据这些数据，我们就可以分析出直播间存在的问题，不断地优化直播间。很多主播都在苦恼直播间人少，很焦虑，其实更重要的是提升自己的能力，如果能力跟不上，就算给你1万人，你能驾驭得了吗？

本章内容，我们主要讲了直播带货数据运营，如何查看直播的相关数据，如何通过数据分析，找出存在问题，如何解决问题优化带货直播。在直播带货的道路上，难免会遇到各种各样的问题。遇到问题的时候，我们只要用科学系统的方法来解决问题，小步快跑，离直播带货的成功肯定不远。

第十四章

门店如何打造专属主播

现在线下门店生意越来越难做，面对不菲的租金和高昂的用人成本，门店如何利用互联网手段进行突破呢？新零售，是最近几年比较火的一个词，那么线下门店究竟应该如何拥抱新零售？如何搭上直播带货这趟快车？如何培养门店专属主播呢？本章内容，将从多个方面来讲解门店如何合理布局直播电商。

说起直播带货，永远离不开的话题就是人、货、场，人是指卖货人（带货达人）和消费者，货是销售的产品，场就是在线直播间（卖场）。相比较普通入局直播带货的创业者，门店有着更多的先天优势。比如有着现成的货源渠道，有着装修精美的店面，有着训练有素的销售员。这就意味着，门店开启直播带货更容易快速进入正轨，更容易实现弯道超车。

第一节　实体门店开直播的红利

门店的店主或者老板，在开直播之前，可能会有很多的困惑。门店抖音账号没有粉丝，开直播行不行；主播从哪里找呢？没经验的店员能做好直播这件事吗？主播需要进行专业系统的培训吗？也开播了几次，但是每次直播间就只有几个人，也没有人下单，怎么增加直播间的人气呢？一场直播2~3个小时，都要讲什么内容呢？产品很快就介绍完了；直播间留不住人怎么办？直播间有哪些商品卖的比较好呢？店里面衣服比较贵，直播间应该卖什么价格呢？

为什么讲实体店开直播，是有红利的。实体店开直播，会有更多的同城流量，同城流量都是本地的人，更容易产生信任感或者进店购买。比如我曾经在某家店买过衣服，衣服质量还不错。当我们在抖音上看到这家店正在直播，就会进去看看，发现卖的衣服比店里面实际的价格要便宜，有着明确的价格对比，很容易产生购买行为。如果是进入一个陌生的直播间，主播说价格很便宜，但消费者是无从验证的。现在抖音直播电商对于新店，有着很大的流量扶持。只要你开播，就会有着一定的流量推送给你，就看主播有没有能力把人留下来，把产品卖出去。直播是转化路径最短的产品线上销售模式。像在淘宝或者京东开家网店，需要学习很多专业的知识，网页设计、美工、客服培训，等等。但是直播带货，你只要有一部手机，有产品，打开直播，直接卖货就行了。特别是对于有着销售经验的业务员来说，更容易做好带货直播。因为直播带货，其实就是把线下的销售，搬到了线上直播间。不同的是，线下销售可能是一对一，在线直播间变成了一对多，批发式的销售。实体店直播，是一个非常利于转化的直播场景。很多的主播，是在家里面进行直播，只是不知道从哪里批发了一堆东西，就开始卖了，品质没有保证。但是假如你是实体店直播，顾客会认为质量上是有保证的，是长时间做生意的。而且实体店更利于商品的展示，你可以带着观众看下门店的环境，邀请同城的人来实体店消费，增加后端收入。甚至说，在直播间主要就是卖一些引流的产品，吸引人来线下门店消费的。直播间的产品，可以不赚钱，所以价格上面会有非常大的优势。

实体门店如何拥抱直播带货呢？这里希望大家记住一句话"开门就直播，关门不下播"，什么意思呢？就是一打开门，就把直播开起来。一般的实体店，像服装店可能晚上八九点钟，进店的顾客就很少了，店就会关门了。但是这个时候，却是在线直播间客流量的高峰期。可能这一两个小时的在线直播间人流量，比你一整天的客流量还要大。所以，门店的门虽然关闭了，但是直播间的"门"却可以一直开着。

第二节　实体门店直播快速启动指南

如何准备一个适合直播的直播间，以美妆为例，最好是在柜台进行直播。设置一个直播货架，专门摆放直播的产品。为什么要在柜台直播呢？真实化的环境可以增加直播信任背书，让消费者知道，我是有柜台的，我的产品是有质量保证的。我并不是从一些乱七八糟的渠道，进一些没有质量保障的货给大家。

直播间的背景墙可以是直播货架，灯光可以是圆形灯光架，直播手机也要准备固定手机支架等。不同的直播场景，主播要使用不同的直播姿势和灯光架。

如果是直播卖化妆品或者是零售，可能全程时间比较长，一般是坐着直播。如果是直播卖衣服，因为要展示衣服的效果，大部分服装主播都会选择站着直播。

直播过程中需要用到哪些设备呢？直播用手机一台，可以拍摄和直播一起搞定。直播用手机支架＋补光灯，14~18寸环形补光灯，带手机支架1~2机位。助理用手机一台，型号不限，助理主要是协助主播处理一些突发状况，回复下粉丝的评论，以及处理黑粉等。运营用办公电脑一台，型号不限，主要是上下架产品、调整库存等。

想要做好直播带货，还是需要一个专业的小团队的。刚开的门店，可能没有那么多人，主播、助理、运营、场控、选品等都是一个人。但是，就算在初期的时候，也至少需要两个人才能启动，一个人的话，很多事情是没有办法同时处理的。在人员配备这块，建议门店老板不要不舍得投入。

第三节　实体门店直播启动——心态准备

产品自信，主播对自己卖的产品要非常的自信，百分之百相信自己家的产品是最好的，价格是最优惠的。如果主播自己对产品都没有信心，那是无法带动观众的购买情绪的。什么样的产品，在直播间最好卖呢？价格低、质量好、口碑好的产品，在直播间最受欢迎。作为门店的老板，尽量选择一些爆款产品，给主播在直播间卖。先把流水走起来，至少先把这个事情做起来，再考虑盈利。你的产品价格低、质量好，直播间人气自然会高。如果一开始就为了多赚钱，产品价格比较贵，那么直播间的人气是很难做上来的。有句话说得好，你给予的越多，得到的也就越多。把这句话放在直播带货这里，就是你让利给顾客的越多，你直播间的人也就越高，人多了还怕没生意做吗？主播在向顾客介绍产品的时候，可以很有底气地说，我家的产品就是质量最好的，价格是最优惠的，因为我们是不赚钱的，就是为了交个朋友，希望大家能来我们门店看看。

服务自信，实体门店支撑着服务，品牌底蕴深厚，打造实体门店特有的服务优势，同城跑腿送货。可以依托实体门店，给顾客提供更好的服务，比如在直播间买的衣服，如果不满意，可以来店里免费退换货。在直播间下单后，同城的用户，可以2小时送货到家等。提供一些别的卖家，不提供或者是无法提供的细致周到的服务。如果服务做得好，就是价格贵一些，消费者也是能够接受的。

情绪自信，主播在讲话的时候，声音不用太大，但是要清晰，表情积极，正能量传染。积极向上的直播语调和态度，感染力更强。主播的状态，是能够感染到观众的。我们做过相应的测试，同样人数的直播间，同样的人群属性，同样的直播话术，同样的产品，同样的销售流程，主播的状态不一样，销量也是天差地别的。充满激情的主播的销量，要比死气沉沉的主播销量，多三倍都不止。不管在开播前状态如何，一旦进入直播间，就要拿出最好的状态，来感染观众。哪怕直播间只有 1 个人，也要像有1000 人那样进行直播。我曾经看过一个主播，直播间只有 5 个人，但是直播间的氛围真的很好，光音浪都收到有接近 10 万元，卖的产品，这 5 个人大部分都买了。所以在直播的时候，不要总认为人少不如人多，人多不一定卖的东西多，人少不一定赚的钱少。真正能够给你带来收入的，也就是那10% 的人。很多主播总是抱怨说，直播间就那么几十个人，怎么卖东西呢？但这个不是卖不掉东西的理由。你想想看，很多的门店，一天下来进店的顾客都没有几十个，人家不照样挣钱吗？人少有人少的玩法，人少的时候，你可以照顾到每一个人，和每个人进行聊天交流，问他（她）的需求，引导他们进行下单购买。 在门店的时候，不也是一个一个销售成交的吗？为何到了直播间，就想着一定要几百人呢？大家记住一点，我们并不是做娱乐主播的，作为一名带货主播，直播间能有几十几百人，已经很不错了。需要学习的是，如何把带货成交率给提升上来。如果只有几十人的直播间，你都卖不了东西，就算来了几百人，就一定能卖掉吗？即使卖掉，也是瞎猫碰到死耗子了。作为一个带货主播，千万不要抱怨人少，要拿出那种来一个成交一个的气势。

第四节　如何批量孵化零基础店员主播

　　门店想要进入直播带货，必须要解决主播的问题，找谁来做主播？如何把普通的门店店员培养成专业的主播呢？门店主播可能会经常遇到这样的问题，面对镜头，直播间表现欠佳；在直播过程中与粉丝互动时不自然；对于直播时的产品介绍逻辑混乱，产品展现效果差，达不到良好的出单效果；直播时，各个环节衔接生硬、不顺畅，无法执行直播间的良性集客、介绍及促单循环；主播的互动能力差，无法维持直播间氛围以及粉丝黏性。

一、门店主播账号人设定位

作为一个带货主播，一定要有自己的人设。人设可以是女装店老板娘亲自上阵，××厂直营店，突出一手货源优势，在大城市打拼的逆袭青年，双人出镜打造的奋斗夫妻店/破产姐妹店/闺蜜创业店。为何带货主播要有人设呢，人设可以让人更容易记住你，人设更容易让观众产生情感认同。比如你是一个在大城市打拼的逆袭青年，渴望通过带货直播改变自己的命运，很多人都会被你这种拼搏的精神所感染。

再如你是一个旅行主播的人设，很多人都渴望走遍中国，游遍世界，但是因为生活、经济等各方面原因没能成行，你做到了。他们通过关注你，也有一种心理上的欣喜，那种感觉就像你帮助他实现了长久以来的梦想，虽然不是亲自成行，但是看看也是过瘾的。如果你单纯的是一个卖货人，没有任何的人设，顾客不大可能会买你的东西。虽然直播带货和线下门店有点类似，但还是有本质的不同的。在直播间，顾客是先相信和喜欢你这个人，然后才会买你的东西。你的人设就是他（她）喜欢你的根本原因。虽然目前这个阶段，更多的是以价格来获取人气，但是这个阶段会慢慢过去，最终还是会回归到正常的产品价格上面来。

像我们之前提到过的"丽江石榴哥"的人设，是一个朴实无华且又多才多艺的摆摊人，反差点是一个街头摆地摊的能和外国人流畅地交流。这样的人设，很容易获取观众的信任，自然在直播的时候，他带的货大家也会埋单。成交的本质是什么？成交的本质其实就是信任。顾客为什么会选择买你的东西，而不是买别人的东西？顾客是信任你这个人，信任你的产品质量好、价格公道，信任你不会欺骗他。

二、实体门店主播标准化话术模板

我们讲带货直播，一般是指两小时以上的直播，如果一场直播连两小时都没有，那是没有办法有效地进行的。我们现在来看下，一个两小时的带货直播标准化流程，分解为 4 个 30 分钟直播单元，30 分钟介绍 2~3 款产品作为起步，每款持续时长 10~15 分钟。

（一）卖点引出

这个部分用 2~3 分钟的时间引出卖点，通过抛出问题的方式，询问直播间观众有没有 ×× × 问题，如敏感肌、油性皮肤、孩子怕晒等。例如，产品是自动洗鞋机，可以在直播间向观众提问，大家有没有为刷鞋苦恼啊？有没有男士经常把鞋拿到洗衣店洗的？有没有刷运动鞋刷不干净的？有没有觉得刷鞋很花时间的？提出的这些问题，都是大家会遇到，而且很苦恼的。你在引发了大家的苦恼之后，就可以提出，现在有一款机器，可以自动清洗你的鞋子，让你每天都可以穿着干干净净的鞋子出门，大家想要吗？这样就把你产品的卖点引出来了。通过提问引发大家的痛苦，然后给出产品提供解决方案。

（二）产品介绍

用 3~4 分钟的时间，向观众描述产品的独特卖点，卖点可以从产品功能、产品使用、产品价格、产品品质、产品价值等方面提炼。产品的独特卖点要是自己的产品有的，而竞争对手的产品不具备。产品介绍这里，最好是能够在直播间现场演示示范产品功能。就像我们之前经常举例的菜刀，想让观众知道它很锋利，韧性好，就用它砍一下排骨，是否能够一刀砍断，并且不卷刀刃。

（三）用户评价

用2~3分钟的时间，向直播间的观众介绍用户评价，就是已经购买使用过产品的用户的反馈，可以从淘宝评论区、小红书笔记、知乎上找反馈的软文。找写得比较客观的评价，观众比较容易相信。有时候顾客并不愿意相信主播说的，更愿意相信熟客的评价。什么是熟客呢，熟客就是已经购买使用过产品的人。主播说自己的产品好，目的是为了卖东西给消费者。但是熟客的评价是客观公正的，不掺杂利益在里面，可信度更高一些。就像我们在淘宝或者京东买东西，也会看客户评论，如果发现了几个差评，就会斟酌下，是否要买这个商品了。大多数人都会倾向于购买没有差评的商品。

（四）促单销售

这个部分大概需要2~3分钟的时间，是最重要的一个环节，能否让顾客下单购买，主要取决于这个主要的因素。这里能够促单转化的两个核心要素是低价和限量，主播能够把这两个促单要素渲染出来，引发顾客进行抢购就成功了。低价并不是指的价格低，而是产品性价比高，让顾客觉得产品价格低。就算你价格很低，但是顾客不认为低，也是没有意义的。如何让顾客觉得价格低呢？可以通过对比门店价、网店价、直播间特价，以及市场上同类型的产品价格，让顾客有一个明显的对比，来凸显我们产品的性价比高。限量就是通过秒杀，直播间限时优惠价，到点就下架等。让顾客知道，不去抢，优惠价就没有了，抢到就是赚到。

第五节　门店主播注意事项

作为一个门店的老板，不要总认为需要招聘一些形象好的专业主播来带货。事实证明，长得漂亮、形象好的主播业绩往往不如长的一般、肯努力的主播。长得漂亮、形象好，往往不那么努力。大部分的顾客都不会因为你长得漂亮而埋单。更多的是，你的人设和你的真诚，能够打动消费者。而且长得漂亮的主播，流动性比较大，可能今天在你这儿干，明天就去别家了。作为一个门店，需要的是稳定的主播，能够听话，肯努力，积极上进。不怕条件不好，只要肯努力，直播话术，直播流程，带货能力，这些都可以培养和锻炼。

不要看着直播间人少就不直播了，须知大部分的直播间都是几十、几百人左右。虽然一场直播下来，只有几十、几百人，但是日积月累的话，也是一个很大的量。相比较直播间的人数，更重要的是转化，是主播能够把产品卖出去。我见过很多直播间，人数有几百人，销量还不如一个几十人的直播间销量高。需要明白一个事实，直播间人数多，产品销量不一定多，更重要的是看主播的转化能力。

要重视客户运营和客户的终身价值，直播带货最核心的是拥有一批高黏性粉丝。现在大部分的主播和团队，并没有很好地做好粉丝运营，还是以一味地吸引新客户为主。随着竞争的加剧和流量成本的增加，获取客户的成本越来越贵，如果不能有效地把老客户留下来，就会造成一种老客户不来，新客户没有的尴尬局面。作为门店，更应该重视粉丝运营，建立一群高黏性粉丝，粉丝黏性高了，不但可以提高直播间的转化率，还可以拉升直播间的人气，提高直播间在直播广场的排名，获取一个更好的入口流量。

不要把线上和线下分开，我见过很多的门店，都是把线上的生意和线下的门店分开的。现在已经进入了新零售的时代，必须线上线下相互融合。直播带货必须和线下门店融合到一起，直播间流量带动线下门店客源，线下门店同时反哺线上直播间的活跃度，获得更多的新流量。把线上和线下分开来做，是一个非常糟糕的做法。现在来说，直播电商这块销售的大部分商品都是不过千的，门店可以把线上的流量引导到门店进行消费。比如通过直播间送给同城的用户一些门店优惠券、打折券等，或者是举办一些门店的粉丝专享活动，只有线上直播间的粉丝才可以享受得到。而线下的客户，更容易相信门店，在直播间会更加的活跃，直播间的活跃度上来了，会获得更多的自然流量，也就不用担心直播间人气不足了。所以千万不要把线上和线下剥离开来，而是应该融合在一起。

要注重选品，不要把门店的所有产品，在直播间一个一个地过一遍，而是要针对直播间的粉丝画像，对产品进行挑选和排序。设计引流产品、利润产品、话题产品，引流产品用来活跃直播间气氛、激发大家的购买欲望、调动直播间购物的积极性，以利润产品为整场直播的主打产品，利润产品也是产生利润的产品，话题款产品是用来提升直播间档次和品牌形象的，可以拉升直播间的客单价。三款不同类型的产品，要做到合理搭配，方能使直播带货利润最大化。

本章内容主要讲了门店如何进行直播带货，如何培养专属主播，有哪些注意事项。现在是一个新零售的时代，门店可以通过直播带货更好地拥抱新零售。同时门店直播也是有一波红利机会的，短视频平台对于开通直播电商的门店都有免费流量扶持，希望大家可以抓住这波红利，更快地在直播带货这个赛道取得一番成绩。

第十五章

"丽江石榴哥" 20 分钟卖货 600 万元

接下来会给大家讲一个直播带货的案例，这个案例是关于"丽江石榴哥"的。他曾经在一场带货直播中卖石榴，20分钟卖出120余吨，整场直播下来总共卖出200吨石榴，最高每分钟4000单，销售额高达600多万元。他还亲赴福建助农，帮助农户卖滞销的红柚，20分钟销售40吨，高峰销量每分钟5000单。"丽江石榴哥"能够在这么短的时间内，通过直播带货，取得如此高的销售业绩，到底使用了哪些策略，有没有一整套的流程和方法论呢？有没有我们普通带货主播可以学习的策略？现在让我们一一来解读，"丽江石榴哥"直播带货背后的故事。

我们先来看看"丽江石榴哥"是如何因为一条视频走红的？

其实石榴哥并不是专职主播，他本是一名普通的英语老师，做视频的时间也不长。2018年8月，因为家庭收入不稳定，他开始去摆摊，用一口流利的普通话，以及英语、日语、粤语、纳西语、白族语，流利地向来自世界各地的旅友们推销着石榴。没想到，外形憨厚可掬、语言风趣幽默的石榴哥，因为偶然被游客拍了短视频发到抖音上，而意外走红。

后来有了名气后，石榴哥开通了抖音，开始为自己家乡的农特产品代言。憨厚老实的外形，幽默的谈话，以及时不时同外国游客交流的英语，既接地气，又具有鲜明的个人风格，吸引了一大批粉丝。当他开始在抖音卖货时，出于对他形象的可信度，用户和粉丝们也愿意为其花钱。

在短视频平台走红一时，可能靠的是运气，一直红下去就要靠实力了。虽然是2018年走红，但是到现在为止，"丽江石榴哥"仍然是非常出名。特别是在农产品直播带货，公益助农方面，名气很大。我们来看下，"丽江石榴哥"在直播带货方面，有哪些是值得我们学习的。

第一节　高转化的促单模式

一、砍价模式

砍价模式是直播带货中，最常用的一种模式。需要商家和主播进行配合，主播会让商家进行报价，然后主播不断地和商家砍价，用各种稀奇古怪的理由迫使商家降价。大家可能还记得以前的集市，买东西都会有一个讨价还价的环节，商家报出一个价格后，买家就会进行砍价，直到得到一个合适的价格，才会进行购买。为何在直播带货中，会设计一个砍价的环节呢？因为顾客来到直播间，并不是单纯地为了买东西，更多的是一个打发时间，消遣娱乐的目的。我们通过主播和商家进行砍价，会营造出一个轻松、活跃、搞笑、热闹的直播间氛围。大部分的观众，都喜欢看热闹。我们发现，如果某个商品，在直播间直接报出最低价，然后直接上架销售，没有几个人会买。通过主播和商家进行砍价，还是同样的价格，但是销量却是有着巨大的差别。这个砍价的环节，完全是基于观众的心理来设计的。

主播和商家进行砍价，一方面可以让观众觉得，价格非常的便宜，得到了实惠。当然这个砍价，只不过是主播和商家演的一出戏。价格在直播之前，就是已经定好的。另一方面，可以营造出一种热闹的氛围，观众喜欢看戏，喜欢看热闹，主播有时候会和商家因为价格争得面红耳赤。其实这些最终的目的，就是满足观众的娱乐消遣需求，达成最终的卖货的目的。

二、秒杀模式

秒杀模式是为粉丝谋福利的一种模式，就是集中在某一个时间点来下单的一种模式。比如在几点几分，上架一个秒杀单品，价格非常的优惠，但是数量有限，让大家做好抢购的准备，抢到就是赚到。秒杀这种模式，容易形成马太效应，带货能力越强的主播越受商家青睐，拿到的折扣也就越低。秒杀这种模式的核心是，商品价格便宜，限制数量和时间，可以在极短的时间内爆单。就是说，假如直播间有 10000 人，我这个秒杀单品只上架 1000 份，抢完就没有了，在主播做好产品铺垫的前提下，产品一上架，很容易被抢空。这里秒杀单品的库存数量应如何设置呢？一般设为直播间当时在线人数的 10% 左右。太多的话，大家不去抢了，太少又不利于销售。根据相关测试显示，把产品库存量设置为 10% 效果最好。

三、产地模式

产地模式的带入感比较强，大家到产品原产地买，感觉性价比高，品质比较有保障。比如卖草莓，就在草莓园里面直播，带大家看看农庄，一大片草莓园，一边采摘，一边直播，很容易激发起观众的购买欲望。对于大多生活在城市的人来说，是非常喜欢乡村气息的农庄和果园的，而且他们会认为产地直销，没有中间商，价格肯定比较便宜。产地直播带给顾客的印象是，一方面性价比高，另一方面产品品质有保障。

作为一个水果播主，你可以每次直播时，都在不同的水果园，实现直播场景的不断变化，给观众新鲜感。比如卖苹果，就在苹果园里面直播；卖荔枝，就找一片荔枝林直播；卖火龙果，直播场景就选一个火龙果园。

四、店铺模式

有序地介绍一款产品，主播一款一款介绍在售产品，或者由观众在评论区留言，告诉主播要看哪款？店铺直播模式比较好的地方在于，可以实现达人一款一款有序地介绍产品。店铺直播模式一般选的品会比较多，一场直播可能多达二十几款产品。像美妆产品、化妆品、护肤品、零食等品类比较丰富的品牌，都比较适合店铺直播这种模式。店铺直播这种模式，需要提前设计好产品的上架流程。设计好哪些是引流款产品，哪些是利润款产品，哪些是话题款，做好合理搭配，相互促进，发挥出来各自品类产品应有的作用。

五、基地走播模式

基地走播模式，是由供应链构建直播基地。主播在基地开播，基地往往会协助主播演"双簧"，采用好款惜售的模式，容易给顾客造成冲动下单。这个其实结合了砍价模式和秒杀模式，需要供应链和主播配合，进行砍价和秒杀等，营造一种不抢就买不到，买到就是赚到的氛围，让顾客进行冲动消费。本书一直强调，直播带货的核心是高性价比和限时限量，如果这个产品随时能买到，就算价格再便宜，客户也不会买。因为拖延和选择恐惧，是消费者的共性。

六、直播间出品模式

直播间出品的模式，是针对大的IP和带货达人的，像李佳琦，薇娅，辛巴等，需要有较强的团队实力和充分的供应链和资金链。直播间出品，是主播根据粉丝的需求，采用ODM和OEM的方式推出特有的款式。这种成交的冲动性来自于，粉丝对主播的信任以及对款式的认同抢拍。这种模式的产品，往往利润更高，但是对供应链和资金链的要求也比较大，也有着较大的库存风险。

以上这几种模式都是在直播电商中经常用到的，对于促单非常的有帮助。当然，提高转化的促单方式有很多，要根据大家的实际情况来进行设计。而且一个模式，用的人多了以后，效果就不那么好了。所以我们也要，多研究一些新的电商营销玩法，及时更新自己直播间的促单模式。任何一种营销模式都不是长久好用的，用得多了，顾客就会产生免疫力，需要我们不断地更新营销策略和方法。

第二节　"丽江石榴哥"的账号定位与人设打造

前几天，有一个粉丝找到我，问我他的一个账号有 200 多万粉丝，变现遇到了瓶颈，让我给出个招怎么变现。我看了他的账号之后，顿时就无语了。账号发布的视频都是正能量类型的，没有主要的人物 IP，账号内容也很混乱，这种类型的账号变现确实很困难。在开始做一个账号之前，就要想清楚后面怎么进行商业变现，不然好不容易把粉丝做起来，就会遇到无法变现的尴尬局面。通常我们在准备做一个账号之前，都会花至少 1 个礼拜的时间进行市场分析和定位，就是这个账号能不能做，做起来后好不好变现。

定位分为商业定位，人设定位，内容定位，粉丝定位。商业定位就是你这个账号后期是打算以什么形式进行变现，是通过带货变现，还是通过音浪打赏变现，或者是接广告变现，又或者是服务变现。内容定位就是你准备用什么样的内容，什么样的视频表现形式来吸引粉丝，今年的话，建议你尽量真人出镜，真人出镜的话，抖音会有一些流量倾斜和扶持。比如同样的文案，如果是真人出镜录制的话，视频流量就会相对来说比较好！人设定位，你在做短视频的时候，一定要有一个人设，拟人化的人设，比如"影子先生""小艾说电影""玩车教授"这些账号都有人设，"影子先生"是一个神秘感人设，"小艾说电影"是一个邻家姑娘人设，"玩车教授"是一个专家人设！粉丝定位，你在开始做账号之前，一定要清楚你想吸引什么样的粉丝，男性粉丝，还是女性粉丝，什么年龄阶段的，什么兴趣爱好，什么地域。一定不要把全国13亿人都当成你的潜在客户，要有一个清晰的粉丝定位！我们现在来看看"丽江石榴哥"这个账号，是如何进行前期定位的。

账号名字：丽江石榴哥，如图15-1所示，是以地理位置加石榴哥这样的组合来命名的。丽江这个城市很多人都知道，有一些人甚至放弃大城市高薪、体面的工作，来到丽江开个客栈，过一种宁静、悠哉的生活。因为账号的人设是一个小伙子讲着一口流利的英语，摆地摊卖石榴，所以叫石榴哥。主要的视频拍摄场景是在云南丽江，一个非常出名的旅游城市。而且石榴哥是在丽江，卖石榴出名的。所以账号名字叫"丽江石榴哥"。这里给大家说下，丽江石榴哥这个名字，要比单纯的石榴哥这样的名字，更容易被大家记住。因为单纯的石榴哥太广泛了，用丽江石榴哥，会勾起一些人对丽江的向往和回忆。

图15-1　丽江石榴哥

商业定位："丽江石榴哥"这个账号从一开始，就有很明确的商业定位，就是通过短视频和直播卖一些农产品，水果、蔬菜，等等。帮助一些农户，把滞销的水果卖出去。目前在短视频平台，有两种类型的带货主播比较成功。一种是全能型带货主播，什么产品都卖，有点类似聚划算，主打产品价格优势，以超高的产品性价比和丰富的产品品类吸引顾客。做这种类型的主播，需要有较高的知名度，打造起来难度较大。另一种垂直领域的主播，就是只做某一个细分垂直领域，像牛肉哥、月饼姐等，石榴哥就是深耕农产品这个领域。

人设定位："丽江石榴哥"的人设定位是搞笑+励志，能讲一口流利的英文没有什么，摆地摊卖水果也没什么稀奇的。但是当你把这两个元素结合在一起的时候，马上就产生了不可思议的反响。一个摆地摊卖水果的小伙子，能讲出一口流利地道的英文，甚至连老外都说好，这就让人佩服了。"丽江石榴哥"就是因为这样的一则视频，火遍大江南北的。视频背景大概是这样的："有一个外国人向他咨询水果价格，他用非常流利的英文和外国人交谈，被一个人拍了下来，并且传到了抖音上面。"当天这个视频就火了，有7000多万的播放量，点赞也有200多万。后来他也经常拍一些搞笑的段子，同样也很火。"丽江石榴哥"原名叫金国伟，因为生意失败，负债累累，差点跳河自杀。后来摆地摊卖水果，用一口流利的英文和搞笑的段子，征服了无数的粉丝，变成了一个超级大网红。"丽江石榴哥"的人设定位，是一个朴实无华且又多才多艺的摆摊人，反差点是一个街头摆地摊的能和外国人流畅地交流。

内容定位：主要是拍一些石榴哥摆地摊用流利的英文和外国人交流的视频，这种视频会形成一种反差，中国人很多人英文口语讲的不行，就算是那些已经考过四六级的白领，大多数也是无法和外国人正常交流的。一个摆地摊的小伙子，竟然能讲一口这么流利的英文，颠覆了大家以往的认知，形成一种强烈的认知反差。根据我们的统计分析来看，在短视频平台容易火的视频，大多数是具有反差情节的视频。这种类型的视频能够引发观众的好奇心和颠覆观众的认知。另外就是拍一些搞笑的段子和生活气息浓厚的短视频。用户关注你是因为你的人设，那在你的这个人设基础上可以往上填充，例如，"石榴哥这样的性格，那他对生活的态度又是怎样的呢？"

粉丝定位："丽江石榴哥"以吸引爱看搞笑、励志短视频的人群为主，年龄大概在18~40岁，这个年龄段的人在短视频平台消费力最强。我们可以看到，他只有600多万粉丝，但是比那些几千万粉丝的主播，带货能力要强很多。这要归功于他的粉丝定位清晰，人设IP明确，粉丝黏性较高，如图15-2所示。

图15-2 丽江石榴哥粉丝画像

第三节 "丽江石榴哥"直播带货实操

一、直播前准备工作

在一场直播开始前，我们要进行相关设备的检查，保障硬件方面没有问题。检查网络环境是否稳定、顺畅；如果是在wifi的状态下直播，建议开启飞行模式，屏蔽电话短信干扰，关闭闹钟、提醒等消息提醒功能；保证电量供应，避免断电中断，需准备好电源线和充电宝；为保证直播画面的稳定，需准备必要的承托设备；在4G环境下，建议开启勿扰模式。

二、直播前产品相关细节准备

在直播开始之前，要准备好产品的卖点，主播要熟悉直播的产品，最好是设计成直播话术，把直播话术放到一个平板电脑里面。这样在直播的时候，主播可以随时查看。运营人员要进行产品链接和直播优惠的测试，就是把整个的购买流程过一遍，看看能否顺畅进行。从上架产品，到放到直播间橱窗，到加入购物车，到付款购买，确保每一个环节都没有问题。直播场景也要确定好，如果是在室外直播，提前查看下天气情况。在室内直播的话，直播场景也要提前布置好。另外，也要做好各种突发状况的应对预案。比如网络突然卡顿，是否有其他的网络专线，直播手机设备突然出状况，有没有应急的手机，直播间突然来了大批黑粉，怎么处理。针对各种可能出现的突发情况，都要提前准备好应对预案。

三、"丽江石榴哥"如何提升带货转化率

"丽江石榴哥"直播带货，整体来说，转化率还是蛮高的。有时直播带货转化率甚至高达15%以上，我们来看看，他都有哪些提升带货转化率的方法。

（一）用户痛点放大

很多朋友在水果店买到的水果又贵又难吃，这个是大多数人的痛点。水果店的水果贵是自然的，因为经过了运输和冷藏，加上有的水果店老板想多赚钱，以次充好，水果很难吃。用户为何要在我这里买呢？因为我是原产地直供，没有中间水果批发商，质量有保证，价格也便宜，而且我是原产地直发，中间冷藏时间短，水果吃起来更好吃。

更重要的是，观众可以实实在在看到树上水果的样子，如果收到的水果和直播间中的不一样，可以无条件退款。实际上，低价和品质保证，这两点足以让大部分的用户下单了。水果，每个人都会吃的，既然这里的水果价格

便宜，质量又好，为何不买呢？就是不但放大了用户的痛点，还给出了让大家接受的解决方案，让客户快速下单。

（二）抓住产品的优势

主播在带货的时候，一定要非常了解产品的优势，并且要不断地进行强调。尽可能多找出一些产品的卖点，因为不同的产品卖点，可能会打动不同的人进行购买。

以柑橘举例，你可以跟大家讲，湖北柑橘是全国最好的柑橘产地，正常人饭后吃一个柑橘，有解油腻、消积食、止渴、醒酒的作用；能够提高机体的免疫力，因为橘子当中含有丰富的维生素C，而维生素C对于刺激免疫物质的增多和新陈代谢功能的提高有重要作用，通过吃橘子补充维生素C能够提高机体的免疫力；能够生津润肺，因为从中医食疗的角度上来讲橘子入肺经，对于津伤所导致的口干、口渴、咳嗽、咳痰、咳喘、胸闷不适的人，适当吃一些橘子，通过滋补肺经、生发口中津液进而达到缓解上述症状的好处。

（三）市场售价对比

我这个产品是从厂家直接运过来，省去了大部分的中间价。因为你是在原产地进行直播，所以顾客也会相信你是真的从原产地发货，没有中间商。水果店的水果，都是经过了好几次的中间商加价，价格自然是贵了不少。在你告诉顾客产品价格低的时候，要想办法让他们相信，并且给出让他们相信的理由。我看到很多主播，也在直播间说他的产品价格很低，但是没有拿出强有力的证据来证明。所以在你进行市场售价对比的时候，一定要拿出让顾客信服的证据。

（四）产品特征描述

直播现场试吃，测评，效果展示。卖水果或者是卖食品的时候，现场试吃是一种非常好的促单方式，你在吃东西的时候，把那种很好吃、很享受的样子表演出来，引发观众的食欲，特别是晚上的时候，大家看你吃得津津有味，也忍不住想要买一些。

（五）产地介绍

有的时候介绍产地也可以促单，比如烟台的苹果特别好吃，可以介绍下烟台的气候、土壤环境等，让观众知道为何烟台产的苹果要比其他地方的好吃。

再如今年因为疫情的原因，湖北的很多橙子卖不出去，我们以助农的方式来帮果农卖橙子，人都有积德行善的本性，很多的顾客都会因为这个来埋单。一方面自己可以吃到好吃的水果，另一方面也帮助到了受疫情影响的农户。每个不同的地域，以盛产什么水果而出名，在很多消费者心中已经建立了认知。比如砀山的梨、宁夏的枸杞、山东东明的西瓜、海南的火龙果、马来西亚的榴莲等，消费者已经知道这些地方产的这些水果，品质好，口味好。

（六）直播间场景选择

直播场景越透明越公开转化率会越高，场景选择基于你的产品的优势在于什么？你的人设是什么？直播带货和传统销售最大的区别在于更加透明化，你必须要做一些大多数人没有做过的事情才更吸引人，直播间的BGM的选择也将在一定程度上提高直播间的氛围。我们要经常去研究Top10的直播带货达人，看他们的直播场景是如何布置的，他们用了哪些促单策略，有没有我们可以学习的？

（七）增强直播间粉丝黏性

直播间粉丝黏性在于粉丝的归属感问题，粉丝是否只属于你。答案一定是否定的，但是如果让粉丝的归属感加强，那这个问题也是可以肯定的。

如利家军、姜家帮、林家军等。建立粉丝团，让粉丝们有家的感觉才会增强他们对于你的归属感。建立朋友圈，"某某某来啦！你怎么才来呀？去哪儿了？"要有几个关系特别好的，让那些关系不是那么好的朋友想加入进来，定时定点送一定程度的福利。线下约局，网络不能维持长时间的友情，但是加上线下的认识与熟悉才能更加进一步加深友情。

第四节 "丽江石榴哥"关于产品的六大话术

如何给一个产品设计直播话术，应该从哪些方面来进行策划，怎么样设计直播话术，带货转化率更高？下面，我们从六个方面进行详细说明。

关于产品功能的话术，产品有哪些特有的功能，也就是产品的独特卖点，能够帮助顾客解决什么问题，能够给客户带来什么好处。比如自动洗鞋机的功能就是把鞋扔进去，就能自动洗干净，而且比手洗更细致、更干净。这里设计功能话术的时候，要把最能打动消费者的功能写出来。

关于产品使用的话术，就是产品如何使用，越简单越好，人都是懒惰的，不想太麻烦。像自动洗鞋机，插上电，打开开关，把鞋扔进去，倒入洗衣液就能自动洗了，很简单。产品使用越简单越好，如果使用起来很复杂，顾客就不会想要购买这个产品。

关于产品价格的话术，如果产品的价格比市场上同类型的产品价格要低，就可以突出说明这个价格优势，和其他产品进行比价，让顾客知道，我们的产品是性比价很高的。如果产品的价格比市场上同类型的产品价格要高，这个时候要突出品质，给出顾客产品价格高的理由。像自动洗鞋机，可以说使用期限更长，速度更快，洗得更干净。

关于产品质量的话术，可以从多个维度来说明产品质量好，用户反馈、品牌背书、生产工艺、销量等。

关于产品价值的话术，产品的价值就是能够帮助顾客解决的问题。比如自动洗鞋机，可以解放人们的双手，不用为了刷鞋费时而苦恼，可以洗得更干净。如果是手洗的话，做不到每天都洗鞋。但是有了自动洗鞋机，每天都可以穿着干干净净的鞋出去。

关于产品售后的话术，这个一定要在直播话术中有所体现。比如，产品不满意，7天无理由退换货，使用过程中遇到问题，有售后随时协助解决等。还有一个，比如假一罚十，这样会让顾客认为产品品质肯定没有问题，就算有，还可以得到10倍的赔款。

第五节　"丽江石榴哥"直播带货的几个技巧

一、产品展示的首因效应

顾客获得商品第一印象的认知线索，往往成为以后认知与评价的重要依据。第一印象是非常重要的，而且第一印象也是很难改变的。比如你给上司的第一印象如果不好，可能以后要改变需要花费很大的力气。如果你对某个商品的第一印象不好，那购买这个商品的可能性也很小。

二、竞品之间的价格对标

价格是直播带货非常重要的一个核心因素，价格并不是单纯指价格低，而是要有超高的性价比。同样一个产品，同样的功能，甚至是同一个品牌，你这里价格更低，发货更快，消费者自然会选择在你这里买。通过和竞争对手的产品进行比价，凸显出你的产品价格更低，能够吸引到更多的顾客来到你这里。

三、以往商品的数据支撑

以往商品的数据就是商品的历史销量，客户评价，好评率，回购率等数据。通过这些较好的数据，来向顾客表面商品的畅销和品质保证。顾客都会有一个从众的心理，看到那么多人都来买这个商品，会想当然地认为商品不会差到哪里去，不然不会有那么多人买，群众的眼睛是雪亮的。

四、榜样购买的信任代理

曾经有这么句话特别流行，"榜样的力量是无穷的"，这句话用在直播带货上也同样适合。比如大家都很喜欢的某个明星，也在使用这个产品，很多人就会因为偶像代言，而选择使用这个产品。

五、购买案例的证人证言

客户见证在营销学上来说是很重要的，顾客在购买一个产品之前，总想看下已经购买过这个产品的人，对于这个产品的评价。如果大多数的人，都说这个产品好，顾客就会相信这个产品值得入手。如果有一些比较差的评价，会极大地影响到客户下单购买。有的时候，100 个好评也抵消不掉 1 个差评对顾客的影响。所以，客户的见证和评价，对于顾客是否决定购买一个产品，起着至关重要的作用。

六、行业权威的口碑文章

如果有行业权威极力推荐产品的话，也会对客户产生很大的影响。比如著名的美妆师，强烈推荐某一款产品，就是一个很好的权威推荐。消费者会认为，权威专家不会贸然推荐某一款产品的，不然会有损他自己的声誉。

七、即时互动的证人说服

就是证人现身说法，在直播间以顾客的身份来说使用某款产品的亲身体会。这个有点像会议营销中，客户上台现身说法某个产品好。只不过，变成了通过线上直播间，云端面对更多的观众。这种做法，会获得顾客更多的认同感，因为主播或者商家说某个产品好，目的是推销产品。而客户上台说这个产品好，更多的是分享自己的使用感受，更容易获取顾客的认可。

第六节 "丽江石榴哥"直播复盘

在一场带货直播结束后，一定要进行复盘，组织团队进行讨论，提炼出本场直播的经验与教训，做好团队经验备份。我们来看下，"丽江石榴哥"团队是如何进行直播复盘的。

回顾目标：要回顾下整场直播的策划方案，计划参与人，计划播前曝光率，直播在线人数，转化人数。策划方案有没有圆满的执行，计划参与人有没有都到位，播前直播间曝光率有没有达到预设，直播在线人数有无达到预期，转化人数是否正常。建议把这些指标，都做一个细致的总结和分析表格，找出问题所在，具体问题具体解决。

叙述过程：这里主要是指获客阶段，直播交付阶段。获客阶段是指直播开始前，直播间的推广宣传，主要用到了哪些推广渠道，每个渠道来了多少人，转化如何，哪个渠道带来的流量比较多，哪个渠道带来的转化效果好。根据这些数据，就知道下次直播的时候，应重点放大哪个流量渠道。直播交付阶段，主要看可以优化的细节和存在的问题，列得越细致越好，这样才会每次都有进步。如果问题一直存在，但不去优化，那永远都不会进步。

　　评估结果：对比数据，对比效果，对比流程，每次直播结束之后，我们都会进行数据的对比。就是和前几次的直播相比，是进步了呢？还是有所退步。每次直播，肯定都会有所调整，通过对比数据、效果、流程，把转化高、获利大的方法留下来。

　　分析原因：回顾细节，非标准化经验提取，流程清单化。把整个的直播细节回顾一遍，把效果比较好的地方记下来，然后提炼出方法论，把流程清单化。

　　推演规律：根据货品推演在线人数、时间段、直播时长、频率。当我们直播的次数多了，经验也就丰富了，根据货品，就能大概推演出整场直播的人数，购买率以及转化。任何事情都是有规律的，我们根据充足的数据，就能总结推演出规律来。

　　形成文档：优化直播策划方案，尽可能形成文档。通过前面的数据分析和总结，找出了直播中存在的问题，并提出了解决方案。尽可能形成一份详细、可执行的文档，更能提升团队的工作效率。

　　上面这些，就是我们可以从"丽江石榴哥"身上得到的启发。高转化促单的模式，如何进行账号定位和商业定位，直播前需要重点准备哪些东西，如何提升带货转化，产品话术如何设计，直播复盘主要复盘哪些东西等。当然我们可以学习的还有很多很多，大家可以持续地关注"丽江石榴哥"，及时了解和学习他最新的商业和直播带货策略。

后　记

　　今年中华人民共和国全国人民代表大会和中国人民政治协商会议期间，代表委员热议直播带货，给直播带货注入了新的活力。直播带货是一种新的商业模式，也是一种新的购物体验。以前人们在网上购物，需要去淘宝或者京东搜索和比价，还要咨询客服很多问题，才能最终完成购买动作。而如今有了直播间云逛街这种新的购物模式，消费者坐在家里足不出户，就可以像进入实体店那样买到心仪的产品。

　　直播带货、线上团购、云旅游……疫情期间，新消费形式加速涌现，展现出强大生命力，让受疫情影响严重的衣食住行娱乐等各行业看到了新机遇。今年两会期间，电商直播带货等新消费新业态也成为代表委员们关注的热点话题之一。大家认为，电商直播带货带动传统企业、传统产业通过数字化转型打破困局，以技术创新、理念革新为新消费、新业态插上"云翅膀"，经济效益和社会效益明显。

　　全国政协委员、北京大学光华管理学院副院长金李认为，直播带货在一定程度上促进了消费和流通，给企业带来了旺盛的需求增长，应该抱着支持的态度来看待这种新消费模式。"尽管我们还不清楚直播带货最终的影响力如何，但应该鼓励各种形式的创新，通过市场的力量，自发形成未来可能的经济增长点。"

　　"直播带货带来了新的流量、顾客和机会。"全国人大代表、北京工美集团北京握拉菲首饰有限公司设计部主任侯湛莹认为，商业升级以提高效益、降低成本、给顾客创造更多的价值为核心。直播带货作为一种新的电商形式，打破了传统商户、商场的地域限制，顾客流量不仅限于所在位置周边，而是面对广大的网上顾客，并为顾客展示更加丰富立体的产品信息，所承载的信息量更大。

全国政协委员、北京国际城市发展研究院院长连玉明说，要针对都市年轻人个性化、时尚化、体验化消费需求，通过电子商务、直播平台、自媒体等推出一批符合年轻人消费心理、消费需求、消费品位的小众化产品和服务，改变公众对贫困地区产品的传统认知，引导都市年轻人在愉悦的消费体验中，更好地认识对口地区的特色农副产品、民族文化产品和旅游产品，让消费扶贫真正成为首都扶贫协作新亮点。

不仅是农业，传统商圈、老字号、传统文化等，也争相搭载这辆"数字快车"。开网店、做直播、亮手艺……目前，北京已有一半以上老字号入驻淘宝直播，2019年的直播销售额同比增加800%，不仅卖产品，还为文化传承提供了新思路。

侯湛莹认为，直播带货带来的社会效益确实很明显。可以通过直播走近手艺人，让更多的人关注他们、理解他们，以此弘扬"工匠精神"，推动工艺品与时代相结合、与市场相结合。

直播带货给了传统企业拥抱新零售的机会，给了年轻人创业改变命运的希望。只要有一部智能手机，人人都可以做主播，人人都可以卖货，人人都可以增加一份收入。在火爆的背后，作为创业者，更应该理性思考，如何入局才能更好地在直播带货这个赛道弯道超车。

直播带货的本质是人、货、场，人主要是指消费者，每个带货主播都有自己的一批粉丝或者一群忠实客户；货是指根据粉丝画像，为观众提供高性价比的产品；场是指直播场景，向观众展示商品的场景。

要想做好直播带货，首先要解决人的问题，直播间的观众从哪里来，如何维护，如何做好粉丝运营，如何挖掘粉丝的后端价值。目前大部分的带货主播，还停留在流量思维的阶段，认为只要我直播间人多，就不愁卖不出去货。这是一个非常错误的观念，随着直播带货入局者越来越多，流量竞争会越发激烈，流量成本也会增加许多。如果不做好粉丝运营，不把老客户维护好，直播带货会越做越难。事实证明，一些成熟的带货直播，80%的利润是由老客户产生的。如果主播能够不断地思考如何给粉丝提供更多的价值，如何回馈老客户，如何向商家争取更低的产品价格。那么直播带货这条路，会越走越容易。否则，早晚会被市场淘汰出局。

货是指的选品，一场带货直播的选品非常的重要。就算再厉害的主播，如果选品不当，也是很难卖得好。选品的时候，要根据粉丝的画像，选择符合用户喜好的产品，并且设计成引流款产品、利润款产品、话题款产品。三种不同类型的产品，相互搭配，共同联动，实现爆发式带货。引流款产品，主要用来增加直播间人气，活跃气氛，增强粉丝黏性。利润款产品，是整场直播主打产品，80%左右的利润都是由利润款产品产生的。话题款产品，为价格比较高的产品，用来提升直播间的档次和品牌形象，拉升整场带货直播的客单价。

场是指直播场景，直播带货对于直播场景的要求是比较高的。不同类型的直播，要选择不同的直播场景。有店铺直播，就是在门店或者柜台直播；有原产地直播，比如卖水果、农产品等，就直接在果园或者农田直播；有基地直播，就是在某商品的生产基地或者工厂，让消费者看见生产过程，还有很多种不同类型的直播场景。

直播带货是一个风口，有着很大的红利，但并不是所有人都能抓住这个风口，得到这份红利。什么样的人，在风口来临的时候，更容易成功呢？我认为是发现机会、快速行动的人。不管你是传统企业的老板，还是普通的创业者，我都希望你读完这本书之后，对于直播带货有一个全新的认识。如果你希望入局直播带货，我希望本书可以成为你奋斗路上的一盏指引明灯，让你少走弯路，更快地在直播带货这个赛道上实现弯道超车。